DITOS E FEITOS MEMORÁVEIS DE
SÓCRATES

O livro é a porta que se abre para a realização do homem.

Jair Lot Vieira

XENOFONTE

DITOS E FEITOS MEMORÁVEIS DE
SÓCRATES

TRADUÇÃO, TEXTOS COMPLEMENTARES E NOTAS
EDSON BINI

Tradutor há mais de quarenta anos, estudou filosofia na Faculdade de Filosofia,
Letras e Ciências Humanas da USP (Universidade de São Paulo).
Realizou dezenas de traduções na área da filosofia para Martins Fontes
e Loyola, entre outras editoras. Há mais de vinte anos realiza
traduções para o Grupo Editorial Edipro.

Copyright da tradução e desta edição © 2024 by Edipro Edições Profissionais Ltda.

Todos os direitos reservados. Nenhuma parte deste livro poderá ser reproduzida ou transmitida de qualquer forma ou por quaisquer meios, eletrônicos ou mecânicos, incluindo fotocópia, gravação ou qualquer sistema de armazenamento e recuperação de informações, sem permissão por escrito do editor.

Grafia conforme o novo Acordo Ortográfico da Língua Portuguesa.

2ª edição, 2024.

Editores: Jair Lot Vieira e Maíra Lot Vieira Micales
Coordenação editorial: Karine Moreto de Almeida
Tradução, textos complementares e notas: Edson Bini
Revisão: Brendha Rodrigues Barreto e José Benedicto Pinto
Acentuação do grego: Stefania Sansone Bosco Giglio
Diagramação e capa: Aniele de Macedo Estevo

Dados Internacionais de Catalogação na Publicação (CIP)
(Câmara Brasileira do Livro, SP, Brasil)

Xenofonte
    Ditos e feitos memoráveis de Sócrates / Xenofonte ; tradução, textos complementares e notas Edson Bini. – 2. ed. – São Paulo : Edipro, 2024.

    Título original: ἈΠΟΜΝΗΜΟΝΕΥΜΑΤΑ
    ISBN 978-65-5660-160-1 (impresso)
    ISBN 978-65-5660-126-7 (e-pub)

    1. Filosofia antiga 2. Sócrates I. Bini, Edson. II. Título.

24-216173   CDD-183.2

Índice para catálogo sistemático:
1. Sócrates : Filosofia antiga : 183.2

Cibele Maria Dias – Bibliotecária – CRB-8/9427

São Paulo: (11) 3107-7050 • Bauru: (14) 3234-4121
www.edipro.com.br • edipro@edipro.com.br
@editoraedipro   @editoraedipro

SUMÁRIO

Considerações do tradutor | 7

Introdução | 9

Xenofonte: vida e obra | 13

DITOS E FEITOS MEMORÁVEIS DE SÓCRATES

Livro I | 19

Livro II | 57

Livro III | 99

Livro IV | 145

CONSIDERAÇÕES DO
TRADUTOR

Além das observações de praxe feitas por nós sobre as dificuldades e espinhos existentes em um trabalho de tradução, referentes principalmente ao fato de o grego antigo ser um idioma dotado de particular riqueza conceitual e ser uma língua declinada, enquanto o português é uma língua moderna não declinada, devemos destacar aqui alguns pontos característicos do texto de Xenofonte ora traduzido.

Se, por um lado, as limitações filosóficas e literárias do autor poupam o tradutor de delicados problemas conceituais ligados à terminologia filosófica nem sempre flexível, e dos apuros não menos insidiosos do estilo brilhante de um Platão, por outro, o texto compacto, somado aos usuais problemas inerentes aos manuscritos e às divergências compreensíveis dos helenistas, não deixa de conduzir o tradutor a certas armadilhas.

Na nossa convicção de que, na impossibilidade de tratar com absoluta paridade forma e conteúdo, devemos priorizar a preservação do conteúdo mesmo com o sacrifício relativo da forma, produzimos um texto em português que, a nosso ver, não prima pela beleza e a elegância, mas é confiável do prisma de seu teor.

A numeração referencial foi acrescentada à margem esquerda do texto para facilitar e agilizar a consulta da obra que for motivada por citações em outras obras.

O texto do qual nos servimos é o estabelecido por G. Sauppe, grande helenista a quem somos imensamente gratos.

Ao leitor cabe apreciar o fruto de nosso trabalho humanamente limitado e julgá-lo. Solicitamos que nos comunique suas críticas e sugestões, para o aprimoramento das futuras edições.

Essa tradução é dedicada ao artista Roberto Ganem, *amigo afetuoso e solidário, ativamente presente em todas as situações e parceiro infatigável tanto nas realizações quanto nos ideais da arte e da filosofia...*

INTRODUÇÃO

Ditos e feitos memoráveis de Sócrates, obra conhecida desde 1569 pela expressão latina *Memorabilia* e que antes os estudiosos identificavam pelo seu próprio título grego Ἀπομνημονεύματα (*Apomnēmoneúmata*) ou *De factis et dictis Socratis memoratu dignis* (que, exceto pela inclusão do nome de Sócrates, constitui tradução descritiva quase literal do grego), é, ousamos afirmá-lo, além de um texto histórico do nosso ponto de vista de pósteros, um genuíno panegírico e uma "matéria jornalística" na perspectiva dos gregos contemporâneos de Xenofonte e Platão.

O maior mérito, contudo, dessa pequena grande obra é não tanto seu valor biográfico, mas seu cunho testemunhal e caráter de depoimento realizado por um homem que, não sendo nem um filósofo nem um orador que prezasse Sócrates (como Platão), ou que com ele rivalizasse (como os sofistas), proporciona-nos uma opinião peculiar e espontânea a respeito de um dos personagens mais emblemáticos da história ocidental.

Não é cabível discutirmos aqui a questão polêmica da procedência ou improcedência das acusações feitas contra Sócrates, se seu julgamento foi encaminhado devidamente, ou se sua condenação foi justa ou injusta, além de todas as demais candentes questões correlatas que cercam esse célebre episódio.

Basta dizermos que há, de nossa parte, uma tendência a crer que tudo não passou essencialmente de uma conspiração urdida por políticos conservadores poderosos e influentes, seguida por um julgamento *político* e a eliminação de um homem decididamente indigerível pelo sistema vigente; por outro lado, em plena consonância com o que acabamos de dizer, estamos convencidos de que Sócrates não era, de modo algum, um inócuo e cândido sábio inteiramente construtivo, que se integrava harmoniosamente à estrutura de poder (político e religioso) da Atenas de seu tempo.

Interessa-nos aqui, sim e tão só, tecer alguns comentários acerca da *opinião* valiosíssima de Xenofonte. Cumpre frisar que se trata de uma opinião (δόξα [*dóxa*]), por maior peso que possua, já que é impossível indicar a verdade objetiva de fenômenos humanos, especialmente tão controversos quanto os que envolveram a figura a uma vez incisiva e sutil de Sócrates.

Xenofonte nos exibe um Sócrates que constitui um paradigma de virtude. Entretanto, embora seu texto-depoimento, da primeira à última frase, seja franca e veementemente favorável e elogioso a Sócrates, quer ao Sócrates público – cidadão exemplar e homem religioso devoto – quer ao indivíduo Sócrates – esposo protetor e pai zeloso –, Xenofonte enfatiza que seu amigo e mestre, a par de sua constante amabilidade e bom humor com todos (dos tiranos Crítias e Cáricles à cortesã Teodoté), era alguém que jamais abria mão de seus princípios e valores pessoais, que, curiosamente, estavam taxativamente implícitos nos discursos e ações (*ditos e feitos*) de Sócrates, mas que muito raramente eram explicitados.

Aliás, eram muitos os que se queixavam que Sócrates nunca dizia claramente o que pensava sobre isso ou aquilo, o que, supomos, era determinado pelo seu método de ensino, ou seja, a *maiêutica* (parturição das ideias) associada à sua *ironia*, e que se patenteia também na figura platônica de Sócrates.

Xenofonte é um admirador ardoroso de Sócrates e, ao deixar claro que tanto a acusação deste quanto sua condenação à morte são para ele incompreensíveis, também deixa no ar uma tácita, porém enfática condenação ao sistema judiciário ateniense, que se mostrara naquele caso visivelmente falho e ineficiente.

Nesse texto denso, o autor não articula nenhuma crítica explícita à política ateniense de seu tempo, mas a julgar pelo fato de ter abandonado Atenas com cerca de 29 anos e jamais ter regressado à sua pátria, não nos inclinamos (independentemente de suas opiniões sobre a política ateniense possivelmente ventiladas em suas outras obras) a concluir que simpatizava com a democracia do advento de Péricles.

Confessamos que ao findar a leitura e tradução dessas páginas que um homem extraordinário escreveu a respeito de um outro homem extraordinário, apesar do louvor contínuo que permeia toda a obra, não concluímos seguramente nem experimentamos a sensação de que Xenofonte tenha feito de Sócrates (em uma visão demasiado simplista e maniqueísta) um *santo* ou um *mártir*. Parece-nos tê-lo retratado apenas como um homem coerente e rigorosamente fiel aos seus princípios... o que a muitos incomoda!

Isso é, claramente, muito subjetivo. Cabe agora a cada leitor concluir e sentir algo ao término dessa agradável e instigante leitura...

Edson Bini

XENOFONTE:
VIDA E OBRA

Xenofonte de Atenas (?430 a.C.-?354 a.C.), ainda que contemporâneo de Sócrates e pertencente ao círculo do grande mestre, não foi um filósofo, mas general e historiador, tal como Tucídides. Mas diferentemente deste, foi a primeira dessas atividades que o conduziu à segunda.

Aproximadamente aos 29 anos, espírito resoluto e aventureiro, deixou Atenas para integrar um exército de dez mil gregos contra o rei da Pérsia. Com a derrota desse exército, Xenofonte, já comandante, teve a missão de realizar a retirada de Cunaxa, conduzindo os gregos através de um caminho árduo da Babilônia ao litoral.

Mais grego do que ateniense e empenhado no combate ao Império persa, o general estabeleceu-se em Esparta e passou a prestar serviços militares ao monarca lacedemônio Agesilau. Nesse período, Esparta também guerreava contra Atenas, o que resultou inevitavelmente no desterro de Xenofonte.

Encerrada a longa guerra entre essas duas poderosas cidades-Estados, os atenienses suspenderam o exílio do pan-helênico general, mas este, rico e devotado à sua família, à caça e à redação de suas obras em uma propriedade rural próxima de Elis, não retornou à pátria, transferindo-se, ao contrário, mais tarde para Corinto.

Embora haja escrito quatro importantes textos de sabor filosófico envolvendo Sócrates, a maior parte da obra de Xenofonte, de natureza pragmática e historiográfica, tem como base suas intensas e marcantes experiências como militar e sua assídua e atenta observação das vidas de homens de destaque com quem conviveu.

Acima de tudo, Xenofonte foi um *polígrafo*, palavra de origem grega que designa, nesse caso, o escritor de vários tipos de obras.

Excetuando os *Ditos e Feitos Memoráveis de Sócrates*, de que nos ocupamos na Introdução, na *Apologia* Xenofonte narra a autodefesa que Sócrates pronunciou em 399 a.C. no tribunal de Atenas ante um júri composto de 501 membros. O mais expressivo desse breve texto não é o que o autor adiciona à famosa *Apologia de Sócrates* escrita por Platão, mas o retrato que ele delineia de um ponto de vista distinto.

No *Banquete* (Συμπόσιον [*Sympósion*]), ele coloca Sócrates às voltas com o mesmo tema da obra homônima de Platão: o amor. A despeito de não possuir o gênio literário e a profundidade filosófica do mestre da Academia, Xenofonte nos brinda com uma narrativa entremeada de diálogos de pujante teor filosófico socrático.

O *Econômico* (Οἰκονομικός [*Oikonomikós*]), como indica literalmente o título, mostra Sócrates tratando da administração doméstica e, correlata e necessariamente, da vida conjugal. É um escrito precioso.

Em *Helênica*, também fazendo jus ao título, o autor conta a história da Grécia de 411 a.C. a 362 a.C., atuando, de certa forma, como o historiador grego que dá continuidade a Tucídides.

Anabasis (que podemos traduzir livre e descritivamente por *expedição pelo interior de uma região*) é a narrativa forte e emocionante precisamente da retirada dos gregos dos portões da Babilônia rumo à costa, após a derrota sofrida frente aos persas.

Com *Ciropédia*, onde o autor mais uma vez mostra sua versatilidade de escritor, Xenofonte nos oferece um romance histórico em torno da educação (παιδεία [*paideía*]) de Ciro, o velho. Nesse curioso e instrutivo texto podem ser detectadas as ideias de Xenofonte no que toca a formas de governo e governantes.

Nessa mesma linha figuram outras obras de indiscutível interesse político e histórico: *A Constituição da Lacedemônia*, na qual o autor descreve o sistema de governo de Esparta; *Hierão*, um diálogo que explora também temas políticos; e *Agesilau*, em que o autor compõe um panegírico ao rei espartano.

Finalmente, vemo-nos diante de um texto igualmente interessante que poderíamos chamar de *Dos recursos financeiros* e que aborda exatamente as finanças de Atenas.

As demais obras de Xenofonte guardam uma certa distância de seus grandes textos de conteúdo histórico, filosófico e político, podendo ser classificadas como verdadeiros manuais que versam sobre assuntos bastante prosaicos e de utilidade sumamente prática, tais como *A caça com sabujos*, em que o autor ocupa-se sobretudo da caça às lebres, *O manual do comandante de cavalaria*, sobre esta modalidade marcial específica e *O manual do cavaleiro*.

Para dar um fecho a esses sumários dados bibliográficos, devemos mencionar o apócrifo *Constituição dos atenienses*, valioso documento histórico sobre a política da grande cidade-Estado grega.

DITOS E FEITOS MEMORÁVEIS DE
SÓCRATES

1

TENHO IMAGINADO, COM FREQUÊNCIA, mediante quais argumentos aqueles que fizeram a acusação formal contra Sócrates puderam persuadir os atenienses de que ele merecia a morte pelas mãos do Estado. Sua acusação consistia no seguinte: Sócrates é culpado do repúdio aos deuses reconhecidos pelo Estado e de importar estranhas divindades, além do que, é culpado de corrupção da juventude.

2 Em primeiro lugar, que provas apresentaram de que ele repudiava os deuses reconhecidos pelo Estado? Oferecia sacrifícios constantemente, o que em absoluto não ocultava, fazendo-o ora em sua casa, ora nos altares dos templos da cidade; recorria igualmente, de maneira aberta, à divinação. Realmente se tornara notória a afirmação de Sócrates de que era guiado pelo *deus*[1]. Penso que foi essa afirmação que deu origem à acusação de in-
3 troduzir estranhas divindades. Tudo que introduzia de estranho não ia além do que faziam outros crentes da divinação[2], os quais confiavam em augúrios, oráculos, presságios e sacrifícios. De fato, a crença desses indivíduos não é a de que aves ou pessoas encontradas acidentalmente conheçam o que é proveitoso a quem formula as perguntas, mas a de que são os instrumentos pelos quais os deuses tornam isso conhecido. Esta era também a crença de Sócrates... com a diferença de que, enquanto a maioria
4 dos indivíduos dizem que as aves ou as pessoas que encontram os desestimulam ou estimulam, Sócrates expressava o que queria dizer na medida em que declarava que a divindade lhe

---

1. ...δαιμόνιον... (*daimónion*).
2. ...μαντικὴν... (*mantikĕn*).

dava um sinal. Sócrates aconselhava muitos de seus companheiros a fazer isso ou não fazer aquilo em conformidade com os avisos da divindade. Ora, os que acatavam seu aconselhamento obtinham êxito, enquanto os que não o ouviam acabavam com motivos para se arrependerem de não o ter feito. E, não obstante, quem não admitiria que não era seu desejo parecer um tratante ou um tolo aos seus companheiros? Mas teria incorrido nessas duas qualificações tivesse ele se revelado errado quando alegava ser seu conselho em consonância com a revelação divina. É evidente que não teria se prestado a dar conselhos se não estivesse confiante quanto à futura realização do que dizia. E quem, além de um deus, poderia inspirá-lo com tal confiança? E uma vez que confiava nos deuses, como poderia ter posto em dúvida a existência dos deuses? Uma outra forma de Sócrates lidar com amigos íntimos consistia no seguinte: se não havia razão para dúvida, aconselhava-os a agir como julgassem melhor; entretanto, se as consequências [dos atos] fossem imprevisíveis, ele os enviava ao oráculo para que indagassem se o objeto de seus atos devia ser consumado. Ele declarava que aqueles que pretendiam governar uma casa ou um Estado necessitavam do auxílio da divinação. As práticas ou obras do carpinteiro, do ferreiro, do agricultor e do governante – bem como suas respectivas teorias – a se somarem ao cálculo, à administração doméstica e ao comando militar poderiam ser aprendidas e dominadas graças ao uso diligente das faculdades humanas... Mas os segredos mais profundos desses assuntos os deuses reservavam a si mesmos, sendo obscuros aos seres humanos. Pode-se fazer bem a semeadura de um campo, mas desconhece-se quem colherá os frutos; pode-se construir bem uma casa, mas não se sabe quem a habitará; embora alguém seja capaz de comandar, é incapaz de saber se seu comando será proveitoso; embora alguém seja versado na arte de governar o Estado, ignora se será proveitoso conduzi-lo; ainda que para o próprio prazer alguém se case com uma bela mulher, é incapaz de dizer se esta lhe trará dor; embora alguém faça parte do grupo dos homens poderosos do Estado, desconhece se serão eles que o expulsarão do Estado. Todo aquele que pensa que essas matérias encontram-se inteiramente na esfera do entendimento humano e que nada nelas ultrapassa nossa razão – afirmava Sócrates – é um insensato. Mas não é menos insensato buscar a orientação dos deuses em matérias que os [próprios] deuses permitem que os seres humanos definam por si mesmos mediante ponderação e análise – por exemplo, indagar se é melhor contratar um auriga experiente para dirigir minha biga ou um homem sem experiência; se é melhor contratar um marinheiro experiente para dirigir meu navio ou um homem sem experiência. O mesmo vale para o que podemos conhecer por meio do cálculo, da medição ou da pesagem. Para o pensamento de Sócrates, formular tais questões aos deuses parecia profano. Em resumo, o que os deuses nos concederam realizar mediante o aprendizado, cabe-nos aprender, enquanto devemos procurar descobrir o que é ocultado dos mortais a partir dos deuses por meio da divinação, pois para os que estão na graça dos deuses, estes concedem um sinal.

10 Sócrates sempre viveu abertamente. Logo de manhã frequentava os passeios públicos e os ginásios; antes do meio-dia era visto na praça do mercado;[3] durante o resto do dia passava precisamente pelos lugares onde a maioria das pessoas se encontrava; geralmente discursava e todos podiam ouvi-lo. E, no entanto, ninguém jamais o ouviu ou viu cometer impiedade ou irreligiosidade por meio de palavras ou ações. Nem sequer 11 discutia o assunto favorito de outros falantes, ou seja, a natureza do universo. Esquivava-se a especular sobre o chamado *universo dos professores*,[4] sobre seu funcionamento e acerca das leis que regem os fenômenos dos céus. Na verdade, ele seria de opinião de que incomodar o intelecto com tais questões era 12 pura tolice. Para começar, ele perguntaria se supunham esses pensadores ser o seu conhecimento dos assuntos humanos tão

---

3. ...ἀγορᾶς... (*agorâs*).
4. ...σοφιστῶν κόσμος... (*sophistôn kósmos*): possível alusão aos sofistas, professores de filosofia itinerantes ou sedentários (como Isócrates), que desempenharam papel filosófico e político expressivo contemporaneamente a Sócrates, Platão e Xenofonte em Atenas.

completo a ponto de obrigá-los a empreender a investigação de tais novos campos para o exercício de seus cérebros, ou se supunham ser seu dever negligenciar os assuntos humanos para se ocuparem exclusivamente de coisas divinas. Acresça-se que ele ficava pasmo diante da cegueira deles em não ver a incapacidade humana de solucionar esses enigmas, a julgar, inclusive, pelo fato de os mais orgulhosos discutidores dessas questões divergirem em suas especulações e se comportarem entre si como loucos. "O mesmo que ocorre" – afirmava ele – "com alguns loucos que não temem o perigo, outros que se amedrontam onde não há nenhum motivo para o medo, alguns que dizem ou fazem coisas em público sem nenhum senso de pudor, outros que evitam até a viagem na companhia de outros seres humanos, alguns que não respeitam nem templos, nem altares, nem qualquer objeto sagrado, outros veneram troncos de madeira, pedras e bestas, ocorre com os que se preocupam com a natureza do universo. Alguns sustentam que *o que é*[5] é uno, outros que é numericamente infinito, outros que todas as coisas estão em perpétuo movimento, outros que nada em nenhuma ocasião jamais pode ser movido, outros que toda a vida se resume em geração e corrupção, outros que nada jamais pode nascer ou perecer". Tampouco eram estas as únicas questões [e objeções] que ele apresentava relativamente a esses teóricos. Sustentava que os estudiosos da natureza humana pensam que poderão aplicar seu conhecimento oportunamente para o bem de si mesmos e de quaisquer outras pessoas de sua escolha. Aqueles que sondam os fenômenos celestes imaginam que se descobrirem as leis que governam a produção desses fenômenos criarão, à sua vontade, ventos, chuvas, estações e coisas similares segundo suas necessidades? Ou sua expectativa não chega a tanto, contentando-se em conhecer as causas desses diversos fenômenos?[6]

---

5. ...τὸ ὂν εἶναι... (*tò ón eînai*).
6. A crítica de Sócrates atinge os filósofos da natureza (precisamente chamados de *pré--socráticos*) em geral, isto é, tanto as questões da física quanto as da metafísica. Na verdade, Sócrates altera completamente o eixo e o objeto da filosofia, inaugurando

16 Era esta, portanto, sua crítica aos que se intrometiam com esses assuntos. Quanto à discussão socrática, tratava sempre das coisas humanas. As questões discutidas por ele eram: o que é o piedoso, o que é o ímpio,[7] o que é o belo,[8] o que é o feio,[9] o que é o justo, o que é o injusto, o que é a prudência, o que é a loucura, o que é a coragem, o que é a covardia, o que é um Estado, o que é um homem político, o que é o governo e o que é um governante – estas e outras questões semelhantes, cujo conhecimento, em sua avaliação, constituía um homem nobre e cuja ignorância com justiça implicava a redução à condição servil.

17 Resulta que ao se pronunciar sobre opiniões dele que desconhecia, não é de se surpreender que o júri incorresse em erro. Mas não é assombroso que ignorassem coisas que eram

18 de conhecimento comum? Que seja citada, à guisa de exemplo, a ocasião em que ele se achava no Conselho[10] e prestara o juramento de conselheiro pelo qual se obrigava a aconselhar ou deliberar segundo as leis; nessa oportunidade, coube-lhe presidir na Assembleia quando o povo desejava condenar Trasilo, Erasínides e seus companheiros à morte por meio de um único voto. Esse procedimento era ilegal e ele rejeitou a moção a despeito do ressentimento popular e das ameaças de muitos indivíduos poderosos. Significava mais para ele ser fiel ao seu juramento do que condescender com o povo em uma exigência injusta e

19 proteger-se de ameaças. Como a maioria dos seres humanos, ele de fato acreditava que os deuses zelam pela humanidade,

---

o período da gnosiologia (teoria do conhecimento) a serviço exclusivo da ética (na qual ele concentra seus esforços), já que gnosiologia socrática conjugada com seu método da parturição das ideias (*maiêutica*) visa somente a discussão e elucidação dos conceitos fundamentais da ética. As questões políticas, uma vez que envolvem também o ser humano, fazem parte do programa filosófico de Sócrates, mas estão necessariamente subordinadas à ética.

7. ...τί εὐσεβές, τί ἀσεβές... (*tí eusebés, tí asebés*): o amor e respeito ou ausência destes relativamente aos deuses, aos pais e à família.
8. ...καλόν... (*kalón*) inclui também a acepção de *nobre, honroso*.
9. ...αἰσχρόν... (*aiskhrón*), aqui em contraposição a *kalón*, inclui também a acepção de *vil, infamante, vergonhoso*.
10. βουλή (*boulḗ*), o Conselho dos Quinhentos de Atenas.

mas com uma diferença substancial: enquanto os homens em geral realmente não creem na onisciência dos deuses, Sócrates pensava que estes tudo conhecem, tanto nossas palavras quanto nossos atos e intenções secretas, e que transmitem sinais aos homens sobre tudo que diz respeito ao homem.

20 Ponho-me a imaginar, portanto, como os atenienses se convenceram de que Sócrates era um livre pensador se ele jamais dissera ou fizera algo que fosse ímpio, consistindo seus pronunciamentos e comportamento em relação aos deuses nada mais do que discursos e ações de um homem verdadeiramente religioso e que merecia ser considerado como tal.

2

NÃO SE AFIGURA PARA MIM MENOS ASSOMBROSO terem alguns dado crédito à acusação feita contra Sócrates de corromper os jovens. Em primeiro lugar, independentemente do que já indiquei, ele se destacava, no que diz respeito ao controle dos apetites – tanto sexuais quanto do estômago – como homem do maior rigor; era extremamente resistente no que se referia a suportar o frio, o calor e todo tipo de fadiga; além disso, suas necessidades estavam tão disciplinadas pela moderação que mesmo dispondo de muito pouco, satisfazia-se positivamente.

2 Se este era o seu próprio caráter, como poderia ter induzido outros à impiedade, ao crime, à glutonaria, ao desregramento sexual ou à indolência? Pelo contrário, em muitos eliminava esses vícios inculcando-lhes um desejo da virtude e lhes trans-

3 mitindo a confiança de que a autodisciplina faria deles pessoas de bem. É certo que ele nunca professou ser um mestre no ensino da virtude, mas ao deixar sua própria luz brilhar levava seus discípulos a ter a expectativa de atingir tal excelência através

4 da imitação de Sócrates. Deve-se acrescentar que ele próprio nunca descurava do corpo, censurando nos outros esse tipo de negligência; disso resulta que reprovava a ingestão excessiva

de alimento seguida do excesso de esforço. Em contrapartida, aprovava todo o exercício rigoroso que fosse agradável à alma, uma vez que este costume não apenas assegurava a boa saúde como também não impedia o cuidado da alma. Por outro lado, desagradava-lhe a afetação e a ostentação no vestir, calçar e no comportamento. Tampouco estimulava o amor ao dinheiro em seus companheiros; de sua parte, com efeito, enquanto lidava com os outros desejos deles, não cobrava dinheiro pelo desejo que nutriam por sua companhia. Sustentava que o princípio consubstanciado nessa recusa do recebimento do dinheiro garantia sua liberdade. Denunciava os que cobravam uma remuneração por sua companhia como indivíduos que se vendiam como escravos, visto que eram obrigados a dialogar com todos aqueles que os pagavam. Deixava-o perplexo alguém ganhar dinheiro mediante a profissão de virtude e não ponderar que sua mais alta recompensa era a conquista de um bom amigo, como se alguém que se tornara um genuíno homem de bem pudesse deixar de experimentar profunda gratidão por um benefício de tão grande monta. Na verdade, Sócrates jamais prometeu essa bênção a quem quer que seja, mas estava seguro de que aqueles entre seus companheiros que adotassem seus princípios de conduta seriam, por toda a vida, bons amigos dele e entre si. Como poderia um tal homem "corromper a juventude"? Só se, porventura, constituísse corrupção fomentar a virtude.

"Mas, por Zeus!" – declarava seu acusador – "Ele ensinava seus companheiros a desprezar as leis estabelecidas ao insistir na insensatez de nomear funcionários públicos por sorteio, quando ninguém escolheria um piloto, construtor, flautista por sorteio, ou qualquer outro artífice, para um trabalho em que erros são muito menos desastrosos do que os erros cometidos nos negócios do Estado. Tais afirmações" – argumentava o acusador – "induziam os jovens a menosprezar a Constituição vigente e os tornava violentos". Afirmo, contudo, que os que cultivam a sabedoria e que pensam que terão a capacidade de orientar o povo com base na política prudente jamais se deixam levar pela violência; estão cientes de que animosidades e perigos são inseparáveis da violência, ao passo que a persuasão produz resultados idênticos de maneira segura e amistosa. De fato, a violência, ao tornar suas vítimas sensíveis às perdas, faz despertar o seu ódio, enquanto a persuasão, ao parecer conferir um favor, conquista a boa vontade. Conclui-se então que não é o cultivo da sabedoria que conduz aos métodos violentos, mas

11 sim ter o poder nas próprias mãos, mas carecer de prudência. Ademais, aquele que se arrisca a empregar a força não prescinde de muitos adeptos, ao passo que aquele que é capaz de persuadir dispensa qualquer aliado, bastando-lhe a confiança no seu poder de persuasão, que não necessita auxílio algum. Além do mais, essa pessoa não tem a oportunidade de derramar sangue, pois quem preferiria tirar a vida de um homem a contar com um seguidor vivo que o apoia voluntariamente?

12 Mas o acusador prosseguiu na seguinte argumentação: Sócrates tinha entre seus associados Crítias e Alcibíades,[11] homens que mais do que quaisquer outros produziram inúmeros males para o Estado. Crítias, na época da oligarquia, ostentou a palma da cobiça e da violência; Alcibíades, de sua parte, superou a todos, sob o governo democrático, em matéria de li-

13 cenciosidade e insolência. Ora, não pretendo isentar esses dois homens dos danos que provocaram para o Estado, mas me disponho a explicar como passaram a se relacionar com Sócra-

14 tes. A corrente sanguínea que mantinha ambos esses homens vivos era a ambição. Jamais houve um ateniense semelhante a eles. Ansiavam por controlar tudo e superar todos os rivais em matéria de notoriedade. Sabiam que Sócrates vivia com muito pouco, a despeito do que era totalmente independente; não desconheciam que era austeramente moderado quanto a todos os seus prazeres, e que quanto à capacidade discursiva tinha completo controle de qualquer interlocutor que com ele

15 discutisse. Compartilhando desse conhecimento e dos princípios que indiquei, seria de se supor que esses dois homens quisessem adotar a vida simples de Sócrates e que, norteados por

---

11. Ver o diálogo homônimo (*suspeito*) de Platão.

16 esse propósito, buscassem sua companhia? Não pensavam, ao contrário, que se associando a ele, poderiam obter a máxima habilidade tanto no discurso quanto na ação? No que me diz respeito, acredito que houvessem os deuses lhes concedido a opção entre a vida que Sócrates levava e a morte, teriam preferido esta última. O propósito deles foi denunciado por sua conduta, pois no momento em que se julgaram superiores aos seus condiscípulos, afastaram-se de Sócrates e abraçaram a política. Fora por objetivos políticos que haviam se aproximado de Sócrates.

17 Mas, poder-se-ia replicar a isso que Sócrates devia ter aconselhado prudência aos seus companheiros antes da política. Não o nego. Considero, entretanto, que todos os mestres mostram a seus discípulos como eles próprios praticam o que ensinam e os fazem avançar mediante argumentos. E sei que era este o caso de Sócrates. Mostrava aos seus companheiros que ele próprio era um homem de bem e dialogava nos mais excelentes termos
18 sobre a virtude e todas as coisas que tocam ao ser humano. Sei também que até aqueles dois revelaram-se prudentes enquanto conviveram com Sócrates, não por receio de perdas ou de serem feridos, mas porque naquele período realmente davam crédito à atitude prudente.

19 Contudo, muitos filósofos que se autointitulam como tais poderiam replicar que um justo nunca pode se converter em um injusto, uma pessoa prudente em um arrebatado; de fato, ninguém que haja aprendido qualquer espécie de conhecimento pode tornar-se dele ignorante. Não compartilho dessa opinião. Percebo que como aqueles que não exercitam o corpo não conseguem realizar as funções que são próprias do corpo, aqueles que não exercitam a alma não conseguem realizar as funções da alma, visto que são incapazes de fazer o que devem fazer e evitar o que não devem fazer. Isso explica por que os
20 pais tentam manter seus filhos, mesmo que sejam rapazes prudentes, longe das más companhias, já que a companhia de homens honestos constitui um exercício na virtude, ao passo que

a companhia dos desonestos promove a destruição da virtude. É como diz um dos poetas.[12]

> *Dos bons aprenderás boas coisas, porém se te misturas com os maus, perderás mesmo o que possuis de sabedoria.*

E declara outro:[13]

> *Ah... mas o homem bom é em um ensejo nobre, em outro vil.*

21 Meu parecer coincide com o deles, pois vejo que tal como a poesia é esquecida se não for repetida com frequência, a instrução, se tornar-se objeto de negligência, desvanece do espírito. Esquecer os bons conselhos é esquecer as experiências que incitaram a alma a aspirar à prudência,[14] e quando elas são esquecidas 22 não é de se surpreender que a própria prudência seja esquecida. Percebo também que indivíduos que se dedicam à bebida ou se envolvem em intrigas amorosas perdem a capacidade de zelar pela boa conduta e esquivar-se ao mal. Com efeito, muitos que são ciosos de seu dinheiro, logo que se apaixonam principiam a desperdiçá-lo. E quando o gastaram todo, não hesitam mais em passar a ganhá-lo mediante métodos que 23 antes evitavam porque os julgavam vergonhosos. Como, então, considerar impossível que alguém que era prudente deixe de sê-lo, que alguém que era capaz de ações justas torne-se delas incapaz? A mim parece, realmente, que tudo que é honrado, tudo que se refere à boa conduta é resultado de prática e exercício, isto se aplicando especialmente à prudência. De fato, no mesmo corpo acompanhado da alma estão plantados os prazeres que convidam a alma a deixar a prudência de lado e apressar-se na nossa satisfação e do nosso corpo.

---

12. Teógnis.
13. Este autor citado por Xenofonte é desconhecido.
14. ...σωφροσύνης... (*sōphrosýnēs*): palavra, como tantas outras do grego, a rigor intraduzível por meio de uma única palavra do português. *Sōphrosýnē* significa literal e genericamente a condição sadia conjunta da mente e do coração. Assim, a virtude (ἀρετή [*aretē*]) designada por essa palavra é, na verdade, uma virtude múltipla constituída pela presença combinada e dosada do que chamamos de bom senso, prudência, moderação, sobriedade e mesmo sabedoria.

24 E, efetivamente, foi o que aconteceu com Crítias e Alcibíades. Enquanto conviveram com Sócrates, nele encontraram um aliado que lhes transmitia força para dominarem seus vis apetites. Entretanto, quando se separaram dele, Crítias fugiu para a Tessália e passou a conviver com homens que preferiam a ilegalidade à justiça; quanto a Alcibíades, devido à sua beleza, foi procurado insistentemente por muitas mulheres importantes e, por conta da influência dele na cidade[15] e entre os seus aliados, Alcibíades acabou por ser arruinado graças a ação de muitos indivíduos poderosos. E como atletas que conquistam uma vitória fácil nos jogos são passíveis de descuidar do próprio treinamento, a honra de que ele se mantinha objeto, o triunfo barato que granjeara com o povo o levaram a negligenciar
25 a si mesmo. Tal foi a sorte deles. E quando foram somadas a corrupção e a prolongada separação de Sócrates ao orgulho do nascimento, à confiança na riqueza, à vaidade e ao muito ceder à tentação, como surpreender-se com o fato de se tornarem
26 arrogantes? É, portanto, justo que o acusador responsabilize Sócrates pelas más ações deles? E não merece este nenhum louvor por os ter controlado nos dias de juventude, quando naturalmente seriam particularmente estouvados e licenciosos? Ao menos outros casos não são assim julgados. Afinal qual é o mes-
27 tre de flauta, de lira ou de qualquer outra coisa que, depois de tornar seus alunos capacitados, é responsabilizado se o deixam por outro mestre e perdem a capacidade? Qual o pai, cujo filho exibe um bom caráter durante o convívio com um mestre, mas que incorre no erro após ligar-se a um outro mestre, que lança a culpa no primeiro? Não é verdade que quanto pior se torna o rapaz com o segundo, maior é o louvor que o pai dedica ao primeiro? Não, os próprios pais que vivem com seus filhos não são responsabilizados pelas más ações cometidas por seus rapazes
28 se forem eles mesmos homens prudentes. Esta é a prova que deveria ter sido aplicada também a Sócrates. Houvesse qualquer vileza em sua própria vida e poderia ele, com justiça, ter sido

---

15. Atenas.

considerado um indivíduo vicioso. Mas se sua própria conduta era sempre guiada pela prudência, como culpá-lo com justiça por um mal que nele não estava presente?

29 Todavia, ainda que ele próprio não fosse um homem do vício, se assistisse e aprovasse o comportamento vil dos outros, ficaria exposto à censura. Ora, quando descobriu que Crítias amava Eutídemo e queria levá-lo à perdição, procurou contê-lo, dizendo-lhe que era mesquinho e inconveniente para um homem de bem implorar como um mendigo pelo objeto de sua afeição, cuja boa opinião ambicionava, humilhando-se com o pedido de um favor que era errado conceder. Como Crítias não deu a

30 menor atenção a esse protesto, diz-se que Sócrates exclamou na presença de Eutídemo e de muitos outros: "Crítias parece ter os sentimentos de um suíno; é tão incapaz de afastar-se de Eutídemo quanto porcos de se esfregarem contra pedras." Ora, por

31 isso, Crítias guardou rancor de Sócrates e quando foi um dos Trinta[16] e esboçava leis com Cáricles, o levou em consideração. Inseriu um artigo que punha na ilegalidade o ensino da "arte do discurso".[17] Era um deliberado insulto a Sócrates, a quem ele não via como atacar salvo imputando-lhe a prática atribuída constantemente aos filósofos,[18] com o que pretendia torná-lo impopular. Pessoalmente, jamais ouvi Sócrates dedicar-se a essa prática, nem soube de ninguém que afirmasse tê-lo ouvido recor-

32 rendo a ela. A verdade veio à tona. Quando os Trinta ordenavam a execução de muitos cidadãos da mais elevada respeitabilidade e estimulavam muitos ao crime, Sócrates fizera a seguinte observação: "Parece-me bastante estranho um criador que deixa seu rebanho diminuir e arruinar não admitir que é um mau vaqueiro, mas ainda mais estranho um homem de Estado, ao reduzir seus cidadãos e arruiná-los não se envergonhar disso nem se julgar

---

16. ...τριάκοντα... (*triákonta*). Crítias foi um dos trinta tiranos de Atenas.
17. Esta ...λόγων τέχνην... (*lógōn tékhnēn*) tinha peso pejorativo, pois estava vinculada a uma exímia destreza na manipulação das palavras que causava a impressão do pior argumento ser o melhor. Na *Arte Retórica*, Aristóteles atribui essa prática ao grande sofista Protágoras.
18. Ver Platão, *Apologia*, 19b.

um mau homem de Estado." Esta observação foi comunicada a Crítias e Cáricles, que mandaram chamar Sócrates, mostraram-lhe a lei e proibiram-no de conversar com os jovens.

Sócrates perguntou: "Tenho vossa permissão para vos perguntar sobre qualquer ponto de vossas ordens que eu não tenha entendido?"

"Tens," responderam.

"Bem," ele começou, "disponho-me a obedecer às leis. Mas para não as transgredir, não intencionalmente por ignorância, desejo claras instruções de vós. Pensais que a arte do discurso que me mandais deixar de praticar está associada à argumentação correta ou à incorreta? Pois, se à correta, fica claro que devo abster-me da argumentação correta; mas se pensais que está associada à incorreta, fica claro que devo tentar argumentar e raciocinar corretamente."

"Como és ignorante, Sócrates," Cáricles observou em tom irritado, "formulamos nossa ordem em linguagem de fácil compreensão: não te é permitido manter qualquer conversação que seja com os jovens."

"Se é assim," replicou Sócrates, "para que não se possa suscitar nenhum problema quanto a minha obediência, por favor, fixai o limite de idade abaixo do qual um homem deve ser considerado jovem."

"Enquanto," replicou, por sua vez, Cáricles, "não lhe for permitido ter assento no Conselho, pois até então, falta-lhe sabedoria. Não conversarás com quem quer que seja que tenha menos de trinta anos."

"Suponhais que eu queira comprar algo... Não posso sequer perguntar o preço se o vendedor tiver menos que trinta anos?"

"Ah, sim," respondeu Cáricles, "podes nesses casos. O problema, Sócrates, é que tens o hábito de fazer perguntas para as quais já sabes a resposta: é isso que não é permitido que faças."

"Devo então deixar de responder, se um jovem perguntar-me algo que sei? Por exemplo, 'Onde mora Cáricles?' ou 'Onde está Crítias?'"

"Sim," respondeu Cáricles, "podes, em tais casos."

37 "Mas entende, Sócrates," explicou Crítias, "terás que evitar teu tópico predileto: sapateiros, construtores e os que trabalham com metal, pois, em minha opinião, já os reduziste a frangalhos."

"Então, deverei afastar os assuntos para os quais eles fornecem exemplos, ou seja, o justo, o sagrado e assim por diante?"

"Realmente," disse Cáricles, "e vaqueiros também: e também onde te permites descobrir a diminuição do gado."

38 Assim, a verdade emergia. A observação a respeito da analogia com o criador de gado chegara a eles e fora isso que os deixara furiosos com ele.

Basta no que tange à conexão de Crítias com Sócrates e suas
39 mútuas relações. Arrisco-me a afirmar que aprendizes nada extraem de um mestre com o qual não têm afinidade. Ora, durante todo o tempo em que Crítias e Alcibíades conviveram com Sócrates não tiveram afinidade com ele. Mas desde o início o que ambicionaram foi vantagem política. De fato, enquanto ainda estavam com ele procuraram, sempre que possível, ter contato e conversações com políticos de destaque. A propó-
40 sito, há uma história envolvendo Alcibíades segundo a qual quando ele tinha menos de vinte anos, entreteve uma conversa acerca de leis com Péricles, seu guardião, o primeiro cidadão do Estado.

41 "Diz-me, Péricles," disse ele, "podes ensinar-me o que é uma lei?"

"Certamente," ele respondeu.

"Então rogo que me ensines, pois toda vez que fico sabendo de homens que são elogiados por manter as leis, ocorre-me que ninguém realmente merece tal elogio se não souber o que é uma lei."

42 "Bem, Alcibíades, o que desejas não envolve grande dificuldade. Desejas saber o que é uma lei. As leis são todas as regras que são aprovadas e promulgadas pela maioria da Assembleia, pelas quais declara o que deve e o que não deve ser feito."

"E essa maioria supõe ser certo fazer o bem ou o mal?"

"O bem, é claro, meu jovem… não o mal."

43 "Mas se, tal como ocorre em uma oligarquia, a minoria e não a maioria é que se reúne e promulga regras de conduta, o que são estas?"

"Seja o que for que o poder soberano no Estado, após a deliberação, promulga e orienta a execução, é conhecido como lei."

"Se, então, um tirano, constituindo o poder soberano, promulga o que cabe aos cidadãos fazer, suas ordens também são uma lei?"

"Sim, tudo o que um tirano enquanto governante promulga é também conhecido como uma lei."

44 "Mas e a força, que é a negação da lei, o que é, Péricles? Não é ela a ação do mais forte ao constranger o mais fraco a fazer tudo que ele, o mais forte, escolhe fazer, isto não persuadindo o mais fraco, mas forçando?"

"É precisamente o que penso."

"Consequentemente, tudo o que um tirano mediante promulgação constrange os cidadãos a fazer sem recorrer à persuasão é a negação da lei?"

"É o que penso e afasto minha resposta de que tudo que é promulgado por um tirano sem persuasão é uma lei."

45 "E quando a minoria promulga, não mediante a persuasão da maioria, mas recorrendo ao seu poder, devemos ou não chamar isso de força?"

"Tudo, penso, que as pessoas constrangem outras a fazer 'sem persuasão', não importa se por promulgação ou não, não é lei, mas força."

"Conclui-se, então, que tudo que a maioria em assembleia, no uso de seu poder sobre os proprietários, promulga sem persuasão não é lei, mas força?"

46 "Alcibíades," disse Péricles, "na tua idade nós também – posso dizer-te – éramos muito sagazes nesse tipo de coisa. Com efeito, os enigmas em que pensávamos e em que exercitávamos nossa perspicácia eram tais como esses que pareces pensar agora."

"Ah, Péricles," bradou Alcibíades, "tivesse eu te conhecido estreitamente quando eras sumamente sagaz nessas coisas!"

47 Tão logo, portanto, eles se presumiram estar em uma posição que deles fazia os superiores dos políticos, não mais buscaram a proximidade de Sócrates. De fato, à parte da falta em geral de afinidade com ele, ressentiam-se por ser inquiridos em torno de seus erros quando se aproximavam de Sócrates. Fora a política
48 que os conduzira até Sócrates e por causa dela eles o deixaram. Mas Críton foi um autêntico companheiro de Sócrates,[19] bem como o foram Querefonte, Querécrates, Hermógenes, Símias, Cebes, Fédon[20] e outros que com ele conviveram, não para que pudessem brilhar nos tribunais ou na Assembleia, mas para que pudessem se tornar homens de bem, e capacitados a cumprir seu dever em casa e nos negócios domésticos, junto a parentes e amigos, pela cidade e pelos cidadãos. Desses, nenhum – enquanto jovem ou na velhice – perpetrou males ou atraiu a censura.

49 "Mas," prosseguiu seu acusador, "Sócrates ensinava os filhos a tratar seus pais com desprezo; os persuadia de que tornava seus companheiros mais sábios do que seus pais; afirmava que a lei permitia a um filho aprisionar o pai se convencesse os jurados de que o pai estava insano, o que constituía uma prova de que era legal para o mais sábio manter o mais ignorante na
50 cadeia." O que Sócrates, na realidade, afirmava era que se acorrentas um homem devido à sua ignorância, mereces ser mantido na prisão por aqueles cujo conhecimento é maior do que o teu. Esse raciocínio o levava amiúde a considerar a diferença entre loucura e ignorância. Era sua opinião que loucos devem ser mantidos encarcerados, algo conveniente tanto para eles mesmos quanto para seus amigos; mas os que ignoram o que devem saber merecem aprender dos que o sabem.

51 "Mas," continuou o acusador, "Sócrates levava seus companheiros a desonrar não só seus pais como, também, seus demais parentes ao dizer que inválidos e litigantes extraem benefício

---

19. Ver o diálogo *Críton*, de Platão.
20. Ver diálogo homônimo de Platão.

não de seus parentes, mas de seus médicos ou de seus conselhos. Com respeito aos amigos, inclusive, declarou que a benevolência destes de nada valeria a menos que fossem capazes de combiná-la com alguma capacidade de ajuda; somente eram merecedores de honra os que sabiam a coisa correta a ser feita e capacitavam-se a explicá-la. Deste modo, ao induzir os jovens a pensar que ele primava em sabedoria e habilidade para tornar os outros sábios, adquiria uma tal ascendência sobre seus companheiros que na avaliação deles, comparado a ele, ninguém representava nada." Ora, sei que ele realmente expressava-se assim relativamente a pais, parentes e amigos. E, além disso, diria que tão logo a alma, que é a única sede da inteligência, deixa um ser humano, mesmo sendo ele para nós o ente mais próximo e mais caro, carregamos seu corpo e o ocultamos no túmulo. E mais: que o mais caro amigo de um ser humano é ele mesmo e, no entanto, até durante sua existência ele remove, ou deixa outra pessoa remover de seu corpo tudo que é inútil e inaproveitável. Remove suas próprias unhas, cabelos, calos; permite que o cirurgião o corte e cauterize e, a despeito de dores e padecimentos, vê-se obrigado a agradecer-lhe e pagá-lo por isso. Cospe a saliva de sua boca o mais longe que pode porque retê-la não lhe é útil, mas, ao contrário, lhe é danoso.

Ora, ao dizer tudo isso, não ministrava uma lição sobre "o dever de enterrar o próprio pai vivo, ou de fazer picadinho do próprio corpo." Pretendia mostrar que a irracionalidade de nada vale, e fomentava a necessidade de cultivar o bom senso e a utilidade, para que aquele que desejasse ser valorado pelo pai ou pelo irmão, ou por qualquer outra pessoa mais, possa não confiar no laço familiar e ser negligenciado, mas procurar ser útil a todos aqueles pelos quais seria valorado.

Alegou, ademais, seu acusador que ele selecionava dos mais prestigiados poetas as passagens mais imorais, e as utilizava como testemunhos ao ensinar seus companheiros como se tornarem tiranos e malfeitores, do que seria exemplo a seguinte sentença de Hesíodo:

Nenhum trabalho é ultrajante, mas sim a ociosidade é ultrajante.[21]

Sócrates foi acusado de explicar essa sentença como uma determinação para não recuar diante de qualquer trabalho, desonesto ou ultrajante, prestando-se a tudo fazer por ganho.

Ora, se bem que Sócrates concordasse plenamente que ser um trabalhador constitui um benefício e uma bênção para o ser humano, enquanto ser um ocioso constitui uma desvantagem e um mal – que o trabalho, efetivamente, é uma bênção, a ociosidade um mal – *trabalhar, ser trabalhador*, restringia-se para ele à atividade honesta, excluindo a jogatina e qualquer ocupação imoral que conduz à perda, classificadas por ele como ociosidade. Assim interpretada, a sentença "*Nenhum trabalho é ultrajante, mas sim a ociosidade é ultrajante*" nada apresenta de impróprio.

Em continuidade, seu acusador disse que citava amiúde a passagem de Homero que se refere a Odisseu, ou seja:

Quando encontrava um dos reis ou homem de destaque, postava-se ao seu lado e o detinha com palavras gentis: "Bom amigo, não é próprio atemorizar-te como homem vil, mas sim assentar-te e incitares teus camaradas a fazer o mesmo."

Mas quando via qualquer homem do povo, que estivesse gritando, a ele se dirigia com seu cetro e o repreendia com voz elevada: "Cala-te, homem, e ouve atento às palavras de outros mais excelentes do que tu, pois não és guerreiro e és um imprestável, jamais reconhecido na batalha ou no conselho."[22]

Foi dito que segundo sua explicação, essa passagem significava que o poeta aprovava o castigo de pessoas do povo e pobres. Mas Sócrates nunca afirmou tal coisa. Na verdade, de um tal ponto de vista, ele teria imaginado a si mesmo como mere-

---

21. *Os trabalhos e os dias*, 309.
22. *Ilíada*, Canto II, 188-202, citação parcial.

cedor de castigo. O que realmente disse foi que aqueles que não prestam serviço algum, mediante discursos ou palavras, que são incapazes de servir ao exército, ao Estado ou ao próprio povo em tempos de necessidade, devem ser detidos, mesmo que possuam muitas riquezas e, sobretudo, se são insolentes e ineficien-
60 tes. Contudo, Sócrates, ao menos, era precisamente o contrário de tudo isso, revelando-se como um dos membros do povo e um amigo da humanidade. Com efeito, embora tivesse muitos discípulos entusiasmados entre os cidadãos e os estrangeiros, jamais cobrou uma remuneração como mestre de qualquer um deles; todavia, do que possuía copiosamente ele deu a todos, sem restrições. Alguns, entretanto, depois de extrair dele algumas ninharias por nada, transformaram-se em vendedores delas, cobrando de outros um elevado preço; não demonstraram, contudo, nada da simpatia dele ao povo, esquivando-se a qualquer conversação com os que não dispunham de dinheiro para
61 pagá-los. Mas Sócrates realizou sumamente mais para conquistar o respeito para o Estado[23] no mundo em geral do que Licas, cujos serviços prestados à Lacedemônia haviam imortalizado seu nome. Isso porque Licas costumava entreter os estrangeiros em estada na Lacedemônia durante as *gimnopédias*[24], enquanto Sócrates passou sua existência distribuindo generosamente suas dádivas e prestando os maiores serviços a todos que se dignavam a recebê-los. De fato, sempre aprimorou a humanidade de seus companheiros até que deles se separou.
62 Esse era o caráter de Sócrates. A mim pareceu que merecia honras do Estado e não a morte. Uma consideração do seu caso do prisma legal corroborará minha opinião. Em conformidade com as leis, a morte é a pena aplicada a pessoas que as provas apontaram como assaltantes, ladrões de estradas, ladrões de

---

23. Presume-se: para o Estado ateniense.
24. ...γυμνοπαιδίαις... (*gymnopaidíais*): festa celebrada anualmente na Lacedemônia (Esparta) em homenagem aos guerreiros que tombaram em Tiréia na luta contra os argivos; a expressão refere-se às crianças nuas, que juntamente com homens nus, compunham os dois grupos de dançarinos que animavam as festividades.

bolsas, sequestradores e ladrões de templos, e nenhum outro homem se distinguiu mais do que ele desses criminosos. Ademais, para o Estado ele jamais constituiu causa de um desastre na guerra, de uma insurreição, traição ou qualquer mal. Por outro lado, na sua vida privada jamais alguém foi por ele despojado de qualquer bem ou por sua ação levado a qualquer infortúnio. Nenhum desses crimes jamais lhe foi imputado. Como, então, ser culpado das acusações que lhe foram feitas?

De fato, estava ele tão longe de "repudiar os deuses", segundo a acusação formal, que não se conhecia nenhum outro homem cuja devoção ao serviço dos deuses fosse tão conspícua; tão longe de "corromper a juventude" – o que seu acusador realmente lhe imputara – que se alguém entre seus companheiros alimentava desejos maus, ele abertamente tentava corrigi-lo e o exortava a almejar a mais nobre e mais magnífica entre as virtudes, por meio da qual os indivíduos crescem na vida pública e na vida doméstica. E por essa conduta não merecia ele receber as mais elevadas honras do Estado?

3

Com o fito de fundamentar minha opinião de que ele beneficiava seus companheiros, fosse por suas ações reveladoras de seu caráter, fosse por sua conversação, registrarei o que recordo dessas ações e dessa conversação.

Começo por seu comportamento perante os deuses. Neste aspecto, seus atos e seu discurso estavam visivelmente em harmonia com a resposta oferecida pela pitonisa[25] a questões tais como nosso dever no tocante aos sacrifícios e aos cultos aos ancestrais. Respondia a pitonisa que era para seguir o costume do Estado, que nisso consistia a maneira de agir piamente. E era assim que Sócrates pessoalmente agia, aconselhando os outros

---

25. ...Πυθία... (*Pythía*), a sacerdotisa do oráculo de Delfos no templo de Apolo.

a agir do mesmo modo. A adoção de qualquer outro procedimento era considerada por ele como insolente e insensata.

2   Quando fazia suas súplicas, pedia simplesmente boas dádivas, uma vez que os deuses sabem melhor que coisas são boas. Pedir ouro, prata, poder soberano ou qualquer outra coisa deste jaez, seria como suplicar a favor de um jogo ou de uma luta, ou de qualquer outra coisa de resultado evidentemente incerto.

3   Embora seus sacrifícios fossem modestos, em consonância com seus recursos, ele não se julgava de modo algum inferior aos que realizavam sacrifícios frequentes e esplêndidos possibilitados por grandes posses. Declarava que seria impossível que os deuses extraíssem mais prazer de grandes oferendas do que de modestas, pois se assim fosse os presentes dos maus amiúde obteriam mais favorecimento aos seus olhos do que as oferendas dos justos, com o que os seres humanos concluiriam que não vale a pena viver, já que os presentes dos maus obtêm maior favorecimento da parte dos deuses do que os presentes dos bons. Não, quanto maior fosse a devoção daquele que oferecia os presentes – pensava Sócrates – maior o prazer experimentado pelos deuses ao acolher a oferenda. Citaria, com aprovação, a sentença:

Presta sacrifício aos deuses imortais na medida de teus recursos.[26]

E acrescentaria que no tratamento de amigos e estranhos e, enfim, no nosso comportamento em geral, constitui um princípio nobre *dar segundo o permitido por nossos recursos*. Se lhe parecesse algum dia que alguma advertência proveniente dos deuses lhe era transmitida, seria mais facilmente persuadido a optar por um guia cego que desconhecesse o caminho, de preferência a alguém que fosse capaz de ver e conhecesse o caminho, do que desprezar a advertência. Na verdade, todos que faziam pouco das advertências dos deuses, no seu marcante interesse de

---

26. *Os trabalhos e os dias*, Hesíodo, 336.

evitar a censura dos seres humanos, eram por ele apontados como insensatos. Quanto a ele, pessoalmente, desprezavato-das as opiniões humanas quando confrontadas com os conselhos oriundos dos deuses.

5 Sócrates disciplinava corpo e alma adotando um sistema que, dentro de todo um cálculo *humano*,[27] proporcionava-lhe uma vida confiável e segura, que facilitava arcar com suas despesas. Com efeito, Sócrates vivia de maneira tão frugal que é difícil imaginar alguém trabalhando tão pouco a ponto de não ganhar o suficiente para atender às suas necessidades. Comia o bastante para fazer do comer um prazer, e tinha tão bom apetite para o seu alimento que para ele o apetite era o melhor 6 tempero; por outro lado, considerava toda bebida agradável porque bebia somente quando sentia sede. Sempre que aceitava o convite para um jantar, resistia facilmente à tentação comum de ir além do limite da saciedade. E aconselhava os que não conseguiam imitá-lo a evitar aperitivos que os estimulavam a comer e beber o que não desejavam, pois esse refugo era a 7 ruína do estômago, do cérebro e da alma. "Acredito," gracejava, "que era graças a banquetes dessas coisas que Circe conseguia produzir porcos; e foi em parte devido ao alerta de Hermes,[28] e em parte por seu próprio autocontrole e aversão a se comprazer excessivamente com essas coisas, que Odisseu não foi 8 transformado em um suíno." Era assim que trataria do assunto, combinando gracejo com seriedade.

Relativamente às paixões sexuais ele diria: "Evita-as resolutamente, visto que é difícil te controlares se já tiveres mergulhado nesse tipo de coisa." Assim, ao ouvir que Critóbulo, filho de Críton, beijara o filho de Alcibíades, fez a seguinte pergunta a Xenofonte[29] na presença de Critóbulo: "Diz-me, Xenofonte, 9 não pensas que Critóbulo é uma pessoa sóbria e, de modo algum, estouvada, prudente e não irrefletida ou temerária?"

---

27. ...μή τι δαιμόνιον... (*mḗ ti daimónion*): literalmente *não divino*.
28. Homero, *Odisseia*, Canto X, 281 ss.
29. Xenofonte refere-se a si mesmo na terceira pessoa.

"Certamente," respondeu Xenofonte.

"Então, tens que considerá-lo doravante como inteiramente fogoso e temerário, alguém capaz de executar um salto mortal dentro de um círculo de lâminas, capaz de se jogar em uma fogueira."

10 "O que afinal fez para pensares tão mal dele?" perguntou Xenofonte.

"O que ele fez? Atreveu-se a beijar o filho de Alcibíades, e o rapaz é belíssimo e atraente."

"Oh, se esse é o tipo de temeridade a que te referes," retrucou Xenofonte, "acho que poderia eu próprio realizar tal temeridade."

11 "Pobre de ti!", exclamou Sócrates, "Qual pensas ser a consequência para ti de beijares um belo rosto? Não perderás em um instante com isso tua liberdade transformando-te em um escravo, passando a gastar enormes somas em prazeres nocivos, deixando de ter tempo para te dedicares a qualquer coisa apropriada a um homem de bem, obrigado a te preocupares com coisas que nem sequer algum louco se preocuparia?"

12 "Por Héracles!" exclamou Xenofonte, "Tanto alarde por causa de um beijo!"

"O quê?" prosseguiu Sócrates, "E isso te espanta? Não sabes que a tarântula, embora seja menor do que a moeda de meio óbolo, se simplesmente prender-se na língua, causa ao ser humano uma dor torturante e enlouquecedora?"

"Sim," admitiu Xenofonte, "decerto que sim, pois ao picar a tarântula injeta alguma coisa."

13 "E pensas, homem insensato" continuou Sócrates, "que a bela [criatura] nada injeta, quando beija, simplesmente porque não o vês? Não sabes que essa criatura classificada como bela e jovem é mais perigosa do que a tarântula, visto que não necessita sequer fazer contato – como a tarântula – podendo, a qualquer distância, injetar um veneno enlouquecedor em qualquer um que se limita a contemplá-la?"

{*"Talvez, inclusive, Eros[30] seja tido como arqueiro por essa razão, isto é, porque a criatura bela é capaz de ferir mesmo à distância"*}[31]

"Aconselho-te enfaticamente, Xenofonte, que no momento em que vires um belo rosto, transmitas energia às pernas e fujas. Quanto a ti, Cristóbulo, aconselho-te a passar um ano no estrangeiro. É certamente tempo suficiente, ao menos, para te recuperares da picada."

14 Dessa maneira, em matéria de desejos sexuais, Sócrates afirmava que aqueles cujas paixões não estavam completamente controladas deveriam restringi-las conforme a rejeição da alma, a menos que a necessidade do corpo fosse imperiosa, e isso com a condição de não se produzir nenhum dano experimentada a necessidade. Quanto à sua própria conduta nessa esfera, era evidente que treinara a si mesmo a ponto de esquivar-se às [criaturas] mais belas e mais atraentes com mais facilidade do que outros esquivam-se às mais feias e mais repulsivas.

15 Portanto, no que concerne ao comer, ao beber e ao sexo tais eram suas opiniões, e ele julgava que uma devida cota de prazer não faria mais falta a ele do que aos que muito se devotam a esses prazeres, e que o quinhão dele estaria muito menos sujeito a problemas.

4

SE ALGUNS SUSTENTAM A OPINIÃO expressa em algumas críticas escritas e faladas a Sócrates baseadas em inferências, e pensam que, embora ele fosse excelente na exortação dos homens à virtude, era desta um guia incompetente, que considerem não

---

30. ...Ἔρωτες... (*Érōtes*), a personificação divina do amor sexual. Ἔρως (*Érōs*) é filho de Afrodite (a deusa cipriota e olímpica que personifica o amor sexual) e corresponde ao Cupido romano.

31. Não só Sauppe, como outros helenistas que estabeleceram este texto, consideram este trecho da fala de Xenofonte (entre as chaves) um acréscimo realizado por outrem.

só a perspicaz inquirição a que submetia os que se julgavam oniscientes, como também seus diálogos cotidianos com seus amigos chegados, e então julguem se ele era capaz de melhorar seus companheiros.

2   Começarei por narrar o que uma vez ouvi dele acerca da divindade em uma conversa com Aristodemo, o *pequeno*, como era chamado. Ao saber que Aristodemo não fazia sacrifícios, nem súplicas e nem recorria à divinação, além de que zombava dos que se ocupavam disso, Sócrates disse:

"Diz-me, Aristodemo, admiras alguns seres humanos por conta de sua sabedoria?"

"Sim." ele respondeu.

3   "E poderias indicar seus nomes?"

"Em minha opinião, na poesia épica o melhor é Homero; no ditirambo, Melanípides; na tragédia, Sófocles; na escultura, Políclito; na pintura, Zêuxis."

4   "Quais, na tua opinião, merecem maior admiração: os criadores de simulacros destituídos de senso e de movimento, ou os criadores de seres vivos, inteligentes e atuantes?"

"Ora, de longe os criadores de seres vivos, desde que estes sejam criados não pelo mero acaso, mas pelo desígnio."

"Supondo que seja impossível imaginar qual o propósito da existência de uma criatura, enquanto é óbvio que a existência de uma outra serve a um fim útil, qual, na sua avaliação, é a obra do acaso e qual a do desígnio?"

"Presume-se que a criatura que serve a um fim útil seja a obra do desígnio."

5   "Não pensas, então, que quem criou o ser humano desde o princípio visava a algum fim útil ao dotá-lo de seus vários sentidos, dando-lhe olhos para ver coisas visíveis e ouvidos para ouvir os sons? Por outro lado, teriam alguma utilidade para nós os odores se não fôssemos dotados de narinas? Qual a sensação que teríamos do doce e do amargo, e de todas as coisas que

6   são agradáveis ao paladar se não tivéssemos na boca a língua para discriminá-los? Além desses, não há outros instrumentos

que parecem o produto da presciência? Constatamos que os globos oculares, por serem frágeis, estão situados atrás das pálpebras, que se abrem como portas quando desejamos ver e se fecham quando dormimos; nas pálpebras desenvolvem-se cílios através dos quais os próprios ventos infiltram-se sem causar dano. Acima dos olhos, encontra-se um par de sobrancelhas que não permite que nenhuma gota de suor, proveniente da cabeça, os irrite. Os ouvidos captam todos os sons e jamais são obstruídos por eles. Por outro lado, os dentes incisivos de todos os seres vivos são adaptados para o corte, os molares para receber o alimento deles e triturá-los. E, de outra parte, a boca, através da qual o alimento que desejam entra, está localizada próxima dos olhos e das narinas. Mas visto que o que é excretado é desagradável, os dutos pelos quais passa estão distantes e afastados o máximo possível dos órgãos dos sentidos. Diante de tais indícios de presciência nesses sistemas, abrigas alguma dúvida se são obras do acaso ou do desígnio?"

7 "Não, decerto que não. Quando os contemplo desse ângulo e sob essa luz, realmente parecem de forma acentuada a obra de um criador sábio e amoroso."

"E o que dizes do desejo natural de gerar filhos, do desejo da mãe de cuidar de seu bebê, da intensa vontade de viver da criança e do intenso temor da morte?"

"É indiscutível que esses também parecem instrumentos de alguém que deliberadamente desejou a existência dos seres vivos."

8 "Pensas que tu mesmo possuis qualquer inteligência?"

"Ora, faz-me uma pergunta e julgues com base em minha resposta."

"E supões que em mais nenhum outro lugar se possa encontrar a inteligência, embora saibas que tens uma mera partícula de toda a terra em teu corpo e uma simples gota de toda a água, e que de todos os outros importantíssimos elementos recebeste, presumo, apenas um fragmento para a constituição de teu corpo? Mas no que se refere à inteligência, a qual parece ser a única destituída de massa, pensas que devido a um feliz acidente a capturaste e que as classes ordenadas de todas essas massas colossais e numericamente infinitas devem-se, *decerto*, a uma espécie de absurdo?"

9 "Sim, por Zeus!... Uma vez que não vejo a mão do autor, ao passo que neste mundo posso ver os artífices das coisas."

"Tampouco vês tua própria alma, que é a senhora de teu corpo, de modo que quanto a isso, podes dizer que nada fazes por desígnio, tudo fazendo por acaso."

10 Nesse ponto Aristodemo exclamou: "Na verdade, Sócrates, não desprezo a divindade. Suponho, contudo, que é demasiado grandiosa para necessitar de meu serviço."

"Quanto maior o poder que se digna a servir-te, maior honra exige ele de ti."

11 "Asseguro-te que se acreditasse que os deuses se importam com o ser humano, não negligenciaria a minha atenção a eles."

"Então supões que eles não se importam conosco? Ora, em primeiro lugar, o ser humano é o único ser vivo a que facultaram permanecer ereto; [e a esse propósito, devemos considerar que] a posição ereta proporciona-lhe um maior raio de visão frontal e melhor visão das coisas acima, além de expô-lo menos à eventualidade de ser ferido; em segundo lugar, aos seres vivos rastejantes os deuses conferiram pés que lhes permitem tão só se moverem, ao passo que dotaram o ser humano de mãos, instrumentos aos quais principalmente devemos nossa supe-
12 rior felicidade. Que se acresça que, apesar de todos os animais possuírem língua, exclusivamente a língua humana foi formada pelos deuses com a capacidade de contato com as diversas partes da boca, facultando-nos articular a voz e expressar entre nós todas as nossas necessidades. Um outro aspecto a ser registrado é os deuses terem determinado, para todos os demais seres vivos, uma estação fixa para a relação sexual, enquanto no caso do ser humano o único limite no tempo para as relações sexuais é o estabelecido pela velhice."

13 "Nem se contentou a divindade exclusivamente com o zelo pelo corpo humano. O que é ainda mais importante é a alma

implantada no ser humano pela divindade, a mais excelente alma. Com efeito, em primeiro lugar, que alma de outro ser vivo apreendeu a existência dos deuses que ordenaram o universo, as mais grandiosas e mais belas coisas? E qual a espécie de seres vivos, além da humana, que cultua deuses? E qual alma é mais apta do que a humana para providenciar recursos na resistência contra a fome e a sede, o frio e o calor, para proporcionar alívio à doença e promover a saúde, para adquirir conhecimento por meio do esforço e recordar com precisão tudo que é ouvido, visto ou aprendido? De fato, não salta aos teus olhos que, quando comparado com os outros animais, os seres humanos vivem como deuses, que são por natureza inigualáveis tanto no que tange ao seu corpo quanto à sua alma? É factual que com a inteligência humana e o corpo bovino não poderíamos realizar nossos desejos; por outro lado, a posse de mãos sem a inteligência é de pouca valia. E pensas ainda, após ter recebido as duas mais preciosas dádivas, que os deuses não se importam contigo? O que precisariam fazer para convencer-te que se importam contigo?"

14

"Convencer-me-ei quando enviarem conselheiros, *como declaras que eles fazem*,[32] dizendo *Faz isto, evita aquilo*."

15

"Mas quando os atenienses os consultam por meio de divinação e eles respondem, não entendes que também para ti a resposta é dada? Ou quando enviam sinais prodigiosos de advertência aos gregos ou a todo o mundo? Serás tu para eles a única exceção, o único ao qual reservam o seu descuido? Ou suões que os deuses teriam inculcado no ser humano uma crença na capacidade deles de beneficiar e prejudicar, se não possuíssem esse poder, e que o ser humano ao longo das eras jamais teria descoberto o logro? Não percebes que as mais sábias e mais duradouras instituições humanas, Estados e povos com esta mesma qualificação, são especialmente temerosas dos deuses, e que o período mais ponderado da vida é aquele em

16

17

---

32. Provável alusão de Aristodemo ao costume de Sócrates de declarar que, principalmente nas situações críticas e difíceis, era orientado e aconselhado por seu δαίμων (*daímōn*), ou seja, sua divindade tutelar.

que mais nos preocupamos com os deuses? Esteja bem seguro, meu bom amigo, que a inteligência que reside em ti dirige teu corpo de acordo com sua vontade; e, igualmente, deves conceber que o pensamento que habita no Todo dispõe todas as coisas em consonância com seu prazer. Pois não penses que teu olho é capaz de percorrer muitos estádios[33] enquanto o olho do deus seria incapaz de ver o mundo inteiro[34] de uma vez, que tua alma é capaz de meditar sobre coisas no Egito e na Sicília, e o pensamento do deus seria insuficiente para dar atenção ao mundo inteiro[35] concomitantemente. Não, mas simplesmente

18 servindo aos homens descobres quem está disposto a retribuir-te o serviço, sendo bondoso descobres quem retribuir-te-á a bondade, e ouvindo conselhos descobres os mestres do pensamento. Assim, tenta chegar aos deuses servindo-os e vê se dignar-se-ão a aconselhar-te em assuntos que estão ocultos ao ser humano. Então te cientificarás que tal é a grandeza e a natureza da divindade que ela tudo vê e igualmente tudo ouve, além de ser onipresente e a tudo atenta."

19 A mim, ao menos, parecia que mediante esse discurso ele mantinha seus companheiros distantes da impiedade, da injustiça e da vileza, isso não só em público, mas mesmo na solidão [de suas vidas], uma vez que sempre sentiam que nenhum de seus atos poderia jamais escapar à percepção dos deuses.

5

MAS A ESTIMARMOS O AUTOCONTROLE também como uma posse nobre e dignificante, vejamos agora se ele conduzia homens[36] a essa virtude por meio de discursos como o que se segue.

---

33. ...στάδια... (*stádia*). Estádio: medida grega de extensão, itinerária, correspondente a 177,6 metros.
34. ...πάντα... (*pánta*), tudo, o Todo.
35. ...πάντων... (*pántōn*).
36. ...ἀνδρὶ... (*andri*), homens, seres humanos do sexo masculino.

"Amigos, se estivéssemos na guerra e quiséssemos escolher um comandante sumamente capaz de auxiliar-nos em nossa própria salvação e na subjugação do inimigo, porventura escolheríamos um homem que soubéssemos ser completamente dominado pelo estômago, ou pelo vinho, ou pelo desejo sexual, *ou a fadiga,*[37] ou o sono? Como alimentarmos a expectativa de que um tal indivíduo nos salvaria ou derrotaria o inimigo?

2 Por outro lado, se no desfecho de nossa existência, desejássemos designar um tutor para educar nossos filhos ou proteger nossas filhas virgens, ou cuidar de nossos bens, suporíamos que para nossa escolha seria confiável um indivíduo dissoluto e perdulário? Deveríamos confiar a criação de nossos rebanhos, a administração de nossos armazéns e a gerência de nossos empreendimentos a um escravo descontrolado? Seria aconselhável nos dispormos a aceitar como presente um mensageiro ou
3 moço de recados com tal caráter? E, certamente, se devemos recusar um escravo descontrolado, não deveria o senhor se cuidar, de modo a não se tornar descontrolado ele próprio? De fato, enquanto os cobiçosos, ao se apropriarem dos bens alheios, parecem enriquecer, um indivíduo descontrolado não extrai vantagem alguma do mal que faz aos outros. Se, por um lado, é o autor do dano aos outros, por outro produz ainda dano muito maior a si mesmo, isso se realmente o maior de todos os danos for arruinar não apenas nossa própria casa, mas também o cor-
4 po e a alma. Nas relações sociais, que prazer encontrarias na companhia de um tal indivíduo se soubesses que ele dá mais valor aos teus condimentos e teus vinhos do que aos teus amigos, e prefere as prostitutas[38] aos camaradas? Não deveria todo homem manter o autocontrole, de modo a ser o alicerce de toda virtude, começando por fixar esse alicerce solidamente em sua

---

37. ...ἢ πόνου... (*è pónou*): Sauppe, tal como Estobeu, o registra, mas há helenistas que discordam. Mantivemos porque entendemos que a ἐγκράτεια (*enkráteia*), embora diga respeito ao controle dos desejos ditados pela sensualidade (apetites), toca ao autocontrole em geral, inclusive aquele vinculado à resistência em situações de limite, o que inclui tanto o sono quanto a fadiga.
38. ...πόρνας... (*pórnas*), geralmente empregadas para entreter os homens nos banquetes.

5 alma? Afinal, qual o indivíduo que, disso carente, seria capaz de aprender qualquer bem ou praticá-lo dignamente? Ou qual é o indivíduo que, escravo dos prazeres, não se acha em má situação de corpo e alma? Digo, de coração, que todo homem livre deveria pedir aos céus para não ter um tal homem entre seus escravos. E todo homem que é escravo desses prazeres deveria rogar aos deuses que lhe dessem bons mestres. Assim, e unicamente assim, seria possível encontrar salvação para si."

6 Esse era o seu discurso. Entretanto, seu próprio autocontrole era exibido ainda mais claramente por seus atos do que por seus discursos. [Em testemunho disso cumpre dizer que] ele não só dominava os desejos referentes aos prazeres do corpo, como também os vinculados ao dinheiro, na convicção de que aquele que toma dinheiro de qualquer pessoa que se digne a dá-lo, submete-se a um senhor e suporta o mais desprezível tipo de escravidão.

6

Foi graças ao próprio Sócrates que um diálogo entretido entre ele e Antífon, o sofista, não deixou de ser registrado.

Antífon visitou Sócrates com a intenção de afastar seus companheiros dele, e na presença destes proferiu o seguinte discurso:

2 "Sócrates, eu supunha que a filosofia necessariamente aumentasse a felicidade de cada um. Todavia, os frutos que tens colhido da filosofia são aparentemente muito diferentes. Por exemplo, estás vivendo uma existência que levaria até um escravo a abandonar seu senhor. O que comes e bebes é o que há de mais pobre; o manto que usas, além de precário, jamais é trocado, no verão ou no inverno; por outro lado, sempre andas

3 descalço e sem túnica. Além disso, te recusas a receber dinheiro, cuja mera obtenção já constitui uma alegria, ao passo que o ter torna a pessoa que o possui mais independente e mais

feliz. Ora, os mestres de outras matérias procuram fazer com que seus discípulos os imitem... Se também pretendes fazer teus companheiros te imitarem, te vês obrigado a considerar a ti mesmo um mestre de infelicidade."

4 E foi assim que Sócrates replicou a essa fala:

"Antífon, parece que fazes uma ideia de que minha existência é tão miserável que chego a me sentir certo de que preferirias a morte a uma vida como a que levo. Muito bem, vamos examinar juntos qual a miséria que percebeste em minha existência.

5 Estará ela no fato de que os que recebem dinheiro são obrigados a realizar o trabalho pelo qual foram pagos, enquanto eu – porque me recuso a recebê-lo – não sou obrigado a conversar com ninguém contra minha vontade? Ou consideras meu alimento paupérrimo porque é menos sadio do que o teu, ou menos nutritivo? Ou porque meus víveres são mais difíceis de serem obtidos do que os teus, sendo mais escassos e mais caros? Ou porque tua dieta é mais desfrutável do que a minha? Não sabes que quanto maior o prazer de comer menor é a necessidade de tempero; que quanto maior for o prazer de beber, menor será o desejo de bebidas das quais não se dispõe? Quanto a man-

6 tos, são trocados, como estás ciente, devido ao frio ou ao calor. Calçados são usados como proteção dos pés, para nos poupar a dor e para a conveniência do caminhar. Ora, já soubeste alguma vez que eu tenha ficado dentro de casa mais do que as outras pessoas por causa do frio, ou que tenha brigado com alguém na disputa de uma sombra por causa do calor, ou que haja me im-

7 pedido de ir a qualquer lugar por ter os pés feridos? Não sabes que graças ao treinamento, um fracalhão insignificante melhora em qualquer modalidade de exercício que pratica, e logra mais resistência do que o prodígio musculoso que descuida no seu treinamento? Ao constatar, então, que me mantenho treinando meu corpo a fim de responder a toda e qualquer solicitação que é feita às suas capacidades, não pensas que estou melhor capaci-

8 tado do que estás a suportar todo esforço, uma vez que te falta treinamento? De fato, para evitar a escravidão ao estômago ou

ao sono, e à libertinagem, haverá, em tua opinião, qualquer específico mais eficaz do que a posse de prazeres que são distintos e maiores, os quais não apenas produzem gozo, como também promovem expectativas de benefício duradouro? Além disso, decerto sabes que, enquanto aquele que supõe que nada vai bem consigo, está infeliz, aquele que acredita ter êxito na agricultura ou no fretamento de navios, ou em qualquer outro negócio em que esteja envolvido, está feliz embalado pelo pensamento de sua prosperidade. Pensas, então, que de todo esse pensar emerge alguma coisa mais prazerosa do que o pensamento de que se está crescendo em excelência e na geração de melhores amigos? E isso, é-me permitido declarar, é meu contínuo pensamento.

Ademais, em caso dos amigos ou do Estado necessitar de ajuda, quem disporá de mais folga para atender às suas necessidades? Aquele que vive como vivo agora ou aquele cuja vida classificas como feliz? Quem considerará servir como soldado tarefa mais fácil? Quem não é capaz de sobreviver sem alimento caro ou quem se contenta com o que pode obter? Quem, ao ser sitiado, será o primeiro a se render? Aquele que deseja o que é de difícil aquisição ou aquele que é capaz de se arranjar com qualquer coisa que esteja disponível?

10   Parece, Antífon, que imaginas que a felicidade consiste em luxo e extravagância. Acredito, contudo, que é divino não ter necessidades; tê-las o mínimo possível aproxima-se do divino. E como aquilo que é divino é o mais excelente, aquilo que mais se aproxima de sua natureza, está mais próximo do mais excelente."

11   Em um outro diálogo com Sócrates, declarou Antífon:
"Sócrates, de minha parte acredito que sejas um homem justo, mas de modo algum um sábio. E creio que tu mesmo o compreendes. De qualquer maneira, recusas-te a receber dinheiro por tua companhia. E, no entanto, se acreditasses que teu manto, tua casa ou qualquer coisa que possuis vale dinheiro,
12   não te desfarias deles por nada ou mesmo por algo inferior ao seu valor. Está claro, portanto, que se fixasses qualquer valor para tua companhia, insistirias no sentido de que o preço

fosse apropriado igualmente para isso. É bem possível que sejas um homem justo, na medida em que não ludibrias as pessoas por conta da cupidez, mas não é possível que sejas sábio, já que teu conhecimento nada vale."

13   Isso mereceu de Sócrates a resposta que se segue.

"Antífon, no que tange à beleza e à sabedoria, constitui opinião comum entre nós haver um meio honroso e um vergonhoso de proporcioná-las. De fato, [o ato de] oferecer a própria beleza a qualquer um por dinheiro é chamado de prostituição. Entretanto, julgamos virtuoso nos tornarmos afetuosos com um amante que tem a reputação de ser alguém honrado. O mesmo ocorre com a sabedoria. Aqueles que a oferecem a quem quer que seja, em troca de dinheiro, são conhecidos como sofistas, *como prostituidores*[39] da sabedoria, mas pensamos que quem faz um amigo de alguém, sabendo que este possui um dom natural, e ensina-lhe todo o bem que pode, cumpre o dever de um

14   cidadão e de uma pessoa de bem. É assim que eu próprio penso, Antífon. Outros experimentam um gosto por um bom cavalo, ou um cão ou uma ave. Meu gosto, ainda mais forte do que o deles, é por bons amigos. E ensino-lhes todo o bem de que sou capaz, além de recomendá-los a outras pessoas das quais penso que obterão algum benefício moral. Quanto aos tesouros que os sábios de outrora nos legaram em seus escritos, eu os exponho e exploro com meus amigos. Se topamos com algo bom, o extraímos, e muito estimamos que venha a ser útil entre nós."

No que toca a mim, quando ouvi essas palavras derramarem-se de seus lábios, julguei ser ele próprio um homem feliz e alguém que estava colocando seus ouvintes na senda que os levaria a se tornarem homens de bem.

15   Ainda em uma outra oportunidade, perguntou-lhe Antífon: "Como podes imaginar que dos outros fazes políticos se tu mesmo te esquivas à política, mesmo na hipótese de compreendê-la?"

---

39. ...ὥσπερ πόρνους... (*hōsper pórnous*): Sauppe o registra com alguma reserva.

"Como Antífon?" ele retrucou, "desempenharia eu um papel mais importante na política dedicando-me a ela isoladamente ou empenhando-me em produzir o máximo de políticos competentes?"

7

EXAMINEMOS A SEGUIR se ao desestimular a impostura ele estimulava seus companheiros a cultivar a virtude. É fato que se mantinha dizendo que a melhor estrada para a boa reputação é o caminho que torna uma pessoa tão boa quanto deseja esta ser considerada. E era da forma que se segue que demonstrava a verdade dessa afirmação.

2 "Supondo que um mau flautista queira ser considerado um bom flautista, observemos o que ele deveria fazer. Não deveria ele imitar os bons flautistas no que respeita aos acessórios da arte deles? Em primeiro lugar, visto que eles trajam-se bem e viajam acompanhados de muitos assistentes, ele deveria fazer o mesmo. Por outro lado, a julgar pelo fato de que eles conquistam o aplauso das multidões, ele deveria munir-se de uma grande quantidade de pessoas pagas para aplaudirem. Mas, certamente, ele jamais deveria aceitar um compromisso, pois se o fizesse se exporia de imediato ao ridículo na qualidade de um instrumentista incompetente e de um impostor a ser despedido. E assim, fazendo grandes despesas, nada ganhando e, inclusive, atraindo a desgraça para si, transformará sua vida em um fardo e algo inútil e ridículo. De modo
3 análogo, se um homem que não é um general ou um piloto, quisesse ser considerado como um bom general ou um bom piloto, imaginemos o que sucederia a ele. Se seus esforços para parecer competente nessas funções não conseguissem ser convincentes, não lhe causaria seu fracasso uma irritação? Se eles obtivessem sucesso, não seria o seu sucesso ainda mais desastroso? É certo que se alguém que tudo desconhecesse

sobre como pilotar um navio, ou como comandar um exército fosse incumbido de tal tarefa, levaria à perdição aqueles que menos desejaria levar à perdição e traria ruína e infortúnio para si mesmo."

4   Seguindo uma linha semelhante de raciocínio, Sócrates mostraria quão inaproveitável é uma reputação de riqueza, de coragem ou de força quando é imerecida. "Tarefas que vão além de suas capacidades", ele diria, "são dadas aos incompetentes, e nenhuma clemência lhes é concedida quando frustram a expectativa criada em torno de suas capacitações. Aquele que te
5   convence a emprestar-lhe dinheiro ou bens, e então [não os devolve,] conservando-os para si, é certamente um velhaco, mas o maior de todos os velhacos é aquele que induziu seu Estado a crer que ele está apto a dirigi-lo."

No que me dizia respeito, julgava que tais diálogos de fato desestimulavam a impostura entre seus companheiros.

1

EM OUTRAS CONVERSAÇÕES, julguei que ele exortava seus companheiros a praticar o autocontrole [do lado dos desejos][40] em matéria do comer e do beber, do sexo, do sono e da resistência ao frio, ao calor e ao esforço árduo. Ciente de que um de seus companheiros era, pelo contrário, desregrado no que se referia a isso, ele disse: "Diz-me, Aristipo, se fosse necessário que te responsabilizasses por dois jovens e os educasse, de modo que um deles se capacitasse a governar, enquanto o outro jamais tivesse que pensar em tomar a dianteira, como os educarias? Presumo que começaríamos a examinar esse assunto pela questão elementar do alimento?"

"Decerto que sim," respondeu Aristipo, "parece realmente que o alimento deve ter precedência, já que ninguém é capaz de viver sem alimento."

2 "Bem, não será o caso de um desejo por alimento naturalmente manifestar-se em ambos em certas ocasiões?"

"Sim, naturalmente."

"Ora, qual dos dois deveríamos treinar no hábito de cuidar de negócios urgentes antes de satisfazer a própria fome?"

"Por Zeus, incontestavelmente aquele que está sendo treinado para governar – caso contrário os negócios do Estado poderiam ser negligenciados durante o seu mandato."

"E não deveria esse mesmo [jovem] receber o poder de resistir à sede quando ambos quisessem beber?"

---

40. ...πρὸς ἐπιθυμίαν... (*pròs epithymían*): Sauppe registra esta expressão, aparentemente dispensável, entre colchetes.

"Decerto que sim."

3 "E à qual deles concederemos o poder de limitar seu sono de forma a lhe facultar recolher-se tarde e levantar cedo, e permanecer sem dormir se houver necessidade?"

"Mais uma vez ao mesmo [jovem]."

"E o poder de controlar seus impulsos sexuais, de modo a que não possa ser impedido de executar o trabalho necessário?"

"Novamente ao mesmo."

"E a quem proporcionaremos o hábito de não fugir a uma tarefa, mas empreendê-la de boa vontade?"

"Isso também será atribuído àquele que está sendo treinado para governar."

"E a quem seria mais convenientemente dado o conhecimento necessário para sobrepujar os inimigos?"

"Indubitavelmente a quem está sendo treinado para governar, posto que as demais lições se mostrariam inúteis na ausência de tal conhecimento."

4 "Não achas que, com essa educação, será menos provável ser ele apanhado pelo inimigo do que o serem outros seres vivos? Alguns destes, como sabes, alimentam tanta cupidez que a despeito da extrema timidez manifestada em certas situações, são irresistivelmente atraídos para a isca na busca pelo alimento, sendo então capturados; outros são pegos por armadilha devido à busca da bebida."

"Decerto que assim é."

"Outros, ainda, por exemplo perdizes e codornizes, são tão sexualmente amorosos que, ao ouvirem o som emitido pela fêmea, são transportados pelo desejo e pela antecipação, perdem-se e caem nas redes. Não é, de fato, assim?"

5 Ele aquiesceu novamente.

"Ora, não considerarias lamentável um ser humano estar na mesma condição da mais tola das criaturas selvagens? Assim, um adúltero ingressa nos aposentos das mulheres, ciente de que, ao cometer adultério, arrisca-se a incorrer nas penalidades com as quais a lei o ameaça, e que pode cair em uma armadilha, ser capturado e maltratado. Quando tal desgraça e infâmia pairam sobre a cabeça do adúltero, mas dispõe ele de muitos meios para aliviar-se de seu desejo sexual sem incorrer em risco, não será *estar insano*[41] lançar-se de cabeça no perigo?"

"Sim, penso que é assim."

6 "E visto que a grande maioria das atividades essenciais, a guerra, a agricultura e muitíssimas outras são executadas ao ar livre, não considerarias crassa negligência o fato de tantos seres humanos não estarem treinados para suportar o frio e o calor?"

Mais uma vez ele concordou.

"Não achas, então, que aquele que vai governar precisa ajustar-se e tornar-se apto a suportá-los despreocupadamente?"

"Decerto que sim."

7 "Se, então, classificarmos os que se controlam em todos esses casos como aptos para governar, não deveremos classificar os incapazes de se comportar assim como homens inaptos para governar?"

Novamente ele assentiu.

"Bem, uma vez que conheces agora a categoria a que cada uma dessas espécies pertence, alguma vez pensaste em qual categoria com justeza enquadrarias a ti mesmo?"

8 "Eu já pensei," respondeu Aristipo, "e não me coloco nem por um momento na categoria dos que querem ser governantes. De fato, considerando quão difícil já é suprir as próprias necessidades, tenho como absurdo – não satisfeito com esta situação – dispor-se a arcar sobre os ombros o fardo de suprir também as necessidades do Estado. Que qualquer pessoa deva renunciar a grande parte de seus próprios anseios e tornar-se responsável, na qualidade de governante do Estado, pela mais
9 ínfima falha na realização dos anseios da comunidade é, certamente, o ponto alto da loucura. Com efeito, os Estados pre-

---

41. ...κακοδαιμονῶντός... (*kakodaimonôntós*), literalmente: *inspirado por uma divindade má*.

tendem tratar seus governantes tal como pretendo tratar meus criados. Espero que meus homens supram-me copiosamente de tudo que é necessário, mas que não toquem em nada disso. Ora, os Estados afirmam que a função do governante é supri-los de todo o gênero de boas coisas, ao mesmo tempo que ele próprio tem que se abster de todas elas. Consequentemente, se alguém quisesse atrair para si e para os outros muitos problemas, eu o educaria segundo a tua proposta e o classificaria entre 'aqueles aptos para governar'. Quanto a mim mesmo, enquadro-me entre os que desejam uma vida repleta do máximo possível de tranquilidade e prazer."

10 Sócrates retomou a palavra e indagou: "Deveremos então examinar quem vive a vida mais prazerosa – se os governantes ou os governados?"

"Sem dúvida," Aristipo respondeu.

"Comecemos pelos povos que nos são conhecidos. Na Ásia os governantes são os persas, enquanto os governados são os sírios, os lídios e os frígios. Na Europa, os governantes são os cítios, enquanto os meócios são os governados. Na África, os cartagineses governam, enquanto os líbios são governados. Qual dessas duas classes pensas que desfruta a vida mais prazerosa? Ou toma o exemplo dos próprios gregos, já que és um deles: quais são para ti as comunidades que fruem a vida mais prazerosa – as que exercem o controle ou as controladas?"

11 "Não," respondeu Aristipo, "no que me diz respeito, não sou candidato à escravidão. Parece haver, contudo, na minha opinião, um caminho mediano que me disponho a trilhar. Nesse caminho, não somos conduzidos nem pelo domínio, nem pela escravidão, mas pela liberdade, que é indiscutivelmente a rota para a felicidade."

12 "Ah," exclamou Sócrates, "...bastaria que esse caminho pudesse esquivar-se ao mundo, ao domínio e à escravidão, para que houvesse algum conteúdo no que dizes. Mas, visto que te encontras no mundo, se não pretendes nem mandar nem ser mandado e não optas por humilhar-te perante os governan-

tes... penso que tens que admitir que os mais fortes dispõem
de um modo de fazer os mais fracos deplorar sua sorte tanto na
vida pública quanto na vida privada, e tratá-los como escravos.
Não é possível que não estejas ciente de que onde alguns semearam e plantaram, outros cortam seu trigo e derrubam suas
árvores, e de todas as formas molestam os mais fracos que se
recusam a se curvar até que se convençam a aceitar a escravidão
a título de escapatória de uma guerra contra os mais fortes. Assim, também na vida pessoal, homens corajosos e poderosos[42]
não escravizam e roubam os covardes e débeis?"[43]

"Sim, mas meu plano para evitar esse tratamento consiste
em não me trancar nos quatro cantos de um Estado, mas ser um
estrangeiro em todas as terras."

"Eis um estratagema muito astucioso!" exclamou Sócrates, "Visto que desde a morte de Sinis, Ciron e Procrustes,[44]
ninguém agride estrangeiros. E, no entanto, hoje, aqueles que
participam [da administração] dos negócios de suas pátrias
sancionam leis para sua proteção pessoal contra as agressões,
obtêm amigos para ajudá-los além daqueles que a natureza lhes
concedeu, cercam suas cidades com fortalezas, formam exércitos para repelir os agentes de malefícios, juntando a tudo isso
a procura de aliados em outras terras. E, apesar de todas essas
precauções, ainda são atingidos. Tu, todavia, não dispondo de
nenhuma dessas vantagens, passas muito tempo exposto na
estrada, onde surgem muitos para fazer o mal. E em qualquer
Estado que adentres, tua posição será a inferior à de todos os
seus cidadãos, e serás alguém particularmente visado para ser
atacado segundo os planos dos malfeitores. E, pelo fato de seres
um estrangeiro, esperas escapar de ser ferido? O que te incute
confiança? Porventura os Estados, mediante a devida proclamação, garantirão tua segurança ao ingressares e andares por
eles? Ou será que imaginas que nenhum senhor te julgaria dig-

---

42. ...ἀνδρεῖον καὶ δυνατοί... (*andreíon kai dynatoi*).
43. ...ἀνάνδρους καὶ ἀδυνάτους... (*anándrous kai adynátous*).
44. Nomes de ladrões de estrada mortos por Teseu.

no de figurares entre seus escravos? De fato, quem se importaria em ter em sua casa alguém que não está disposto a executar nenhum trabalho e experimenta uma fraqueza pelo alto padrão de vida?

16 Mas vejamos agora como esses senhores tratam tais servos. Não os matam de fome para mantê-los longe da devassidão, trancam os armários para pôr fim ao furto de víveres, acorrentam-nos para impedi-los de fugir, e afugentam deles a preguiça à força do látego? O que fazes tu mesmo a fim de curar tais defeitos de teus servos?"

17 "Torno suas vidas para eles um fardo, até submetê-los à submissão. Mas, e quanto aos que são educados na arte de reinar, Sócrates... os quais pareces identificar com a felicidade? Como podem estar melhor do que aqueles cujos sofrimentos são obrigatórios se são eles também obrigados a tolerar a fome, a sede, o frio, a falta de sono e suportar todas essas torturas de boa vontade? Na verdade, se as mesmas costas têm que ser laceradas pelo açoite mediante a reclamação ou o consentimento do seu dono, ou – em síntese – se o mesmo corpo, consentindo ou recusando, é assediado por todos esses tormentos, não percebo diferença alguma além da insensatez do sofrimento voluntário."

18 "O quê, Aristipo!" exclamou Sócrates, "Não achas que há diferença entre sofrimentos voluntários e involuntários, a saber, que se suportas fome ou sede voluntariamente... podes comer, beber, ou seja lá o que for, dependendo de tua escolha, ao passo que o sofrimento compulsório não pode findar por força da vontade? Que se acresça que aquele que suporta voluntariamente extrai um certo prazer de seu trabalho árduo porque é confortado pela esperança. Caçadores, por exemplo,

19 a despeito de realizarem ingentes esforços, o fazem alegremente na expectativa da caça. Realmente, recompensas como essas pouco valem depois do duro empenho, mas o que dizer dos que mourejam para conquistar bons amigos, para subjugar inimigos, ou para se capacitarem de corpo e alma a administrar adequadamente suas próprias casas e famílias, a prestar ajuda a seus

20 amigos e servir suas pátrias? Não é certo que estes mourejam com júbilo em busca dessas recompensas e vivem uma existência feliz, satisfeitos consigo mesmos, elogiados e invejados por todas as outras pessoas? Ademais, indolência e prazer imediato jamais são capazes de tornar o corpo detentor de bom estado – como afirmam os treinadores – nem tampouco introduzem na alma qualquer conhecimento valioso, ao passo que o esforço extremado nos conduz para as ações boas e nobres, como testemunham os homens bons.[45] Assim, em algum lugar[46], diz Hesíodo:

> *Perversidade pode facilmente ser possuída em abundância,*
>
> *Suave é a estrada que a ela conduz e sua habitação é próxima.*
>
> *Mas diante da virtude, suor colocaram os deuses imortais,*
>
> *Longa e acidentada é a senda que a ela conduz, e, de início áspera,*
>
> *Mas quando alcanças o cimo, é a estrada finalmente fácil, ainda que dura fosse.*

E contamos também com o testemunho de Epicarmo, na sentença que se segue:

> *Exigem de nós os deuses trabalho árduo a título de preço por todos os bens.*

{E declara ele em outra parte:

> *Perverso, não anseies pelo indolente para que não granjeies o árduo.*}[47]

21 Sim, e Pródico, o sábio, exprime-se com igual efeito relativamente à virtude no ensaio *Sobre Héracles*, que recita a multidões de ouvintes. É assim, a confiar em minha memória, como ele o formula:

---

45. ...ἀγαθοὶ ἄνδρες... (*agathoí ándres*).
46. Em *Os trabalhos e os dias*, 285.
47. Sauppe considera espúrio todo este texto entre chaves.

"Quando Héracles passava da adolescência para a juventude, quando os jovens, ao se tornarem seus próprios senhores, manifestam se abordarão a vida pela senda da virtude ou a do vício, encaminhou-se para um lugar tranquilo e se pôs a refletir a respeito de qual caminho tomar. E ali surgiram duas mulheres de altivo porte que a ele se dirigiram. Uma delas era bela de se ver e de nobre postura: seus membros eram adornados com a pureza e seus olhos com o recato; sua figura era sóbria e suas vestes, alvas. A outra era roliça e indolente, mostrando ser muito nutrida. Seu rosto estava maquiado a fim de ampliar o branco e rosa naturais da pele, e sua figura para exagerar sua altura. Tinha os olhos muito abertos e se vestia de modo a revelar todos seus encantos. Por um momento contemplava a si mesma, no outro observava se alguém a notava, e amiúde lançava um olhar furtivo à sua própria sombra.

Quando estavam próximas de Héracles, a primeira manteve a postura regular de suas maneiras. A outra, inteiramente ansiosa para sobrepujá-la, acelerou o passo para com ele encontrar-se, gritando: 'Héracles, vejo que estás em dúvida quanto a que caminho tomar na vida. Faz de mim tua amiga. Segue-me e te conduzirei ao longo da estrada mais prazerosa e mais fácil. Provarás todas as doçuras da existência e jamais conhecerás a adversidade. Para começar, não deterás teu pensamento em guerras e preocupações, detendo-te sim e sempre no pensar que iguarias e finas bebidas poderás encontrar, qual a visão ou som que irá deliciar-te, qual o toque e o perfume, que pequeno favorito pode oferecer-te mais alegria, em qual leito o sono é mais leve; e como ter acesso a todos esses prazeres mediante o menor incômodo. E caso surja a apreensão de que a falta de meios venha a limitar teus gozos, nunca receies que eu possa orientar-te para obtê-los pelo esforço árduo e a aflição do corpo e da alma. Não! Terás os frutos da labuta árdua alheia e não te absterás de nada capaz de proporcionar-te ganho. Pois aos meus companheiros permito que extraiam vantagem onde queiram.'

26 Após ouvir isso, Héracles indagou: 'Senhora, posso pedir-te que me digas qual o teu nome?'

'Meus amigos chamam-me de Felicidade[48],' disse ela, 'porém entre os que me odeiam meu cognome é Vício[49].'

27 Nesse ínterim, a outra se achegara e disse: 'Eu também vim ver-te, Héracles. Sei que teus pais e eu cuidamos de teu caráter durante o período de tua educação. Portanto, espero que, se tomares a estrada que conduz a mim, te convertas em um correto praticante de ações dignas e nobres, com o que, inclusive, tornar-me-ei ainda mais grandemente honrada e mais ilustre pelas bênçãos que outorgo. Não te enganarei, entretanto, com um agradável prelúdio: dir-te-ei, pelo contrário, como são verdadeiramente as coisas, tal como os deuses as ordenaram.

28 Nenhuma coisa boa e bela é dada ao ser humano pelos deuses gratuitamente, isto é, sem o trabalho árduo e o esforço por parte do ser humano. Se desejas o favorecimento dos deuses, precisas venerá-los; se desejas o amor dos amigos, precisas fazer o bem aos teus amigos; se ambicionas a honra que possa ser concedida por um Estado, precisas servir a esse Estado; se estás disposto a granjear a admiração de toda a Hélade[50] por tua virtude, precisas empenhar-te em fazer o bem para a Hélade; se queres terra para que esta te produza frutos copiosos, precisas cultivar essa terra; se estás resolvido a obter riqueza como pastor de rebanhos, precisas cuidar desses rebanhos; se queres tentar tornar-te poderoso por meio da guerra e desejas o poder para libertar teus amigos e subjugar teus inimigos, precisas aprender as artes bélicas com os que as conhecem e precisas exercer o seu uso correto; e se queres que teu corpo seja forte, precisas acostumá-lo a ser o servo de tua mente e exercitá-lo com ingente esforço e suor.'

29 E o Vício, como narra Pródico, retomou a palavra e disse: 'Héracles, observas quão dura e longa é essa senda para a alegria

---

48. ...Εὐδαιμονίαν... (*Eudaimonían*).
49. ...Κακίαν... (*Kakían*).
50. Ou seja, a Grécia.

– essa senda da qual fala esta mulher? Entretanto, conduzir-te-ei à felicidade através de uma vereda curta e pela qual fácil é a caminhada.'

30 E disse a Virtude[51]: 'Que bem é o teu, pobre desgraçada, ou qual a coisa prazerosa que conheces, se nada farás para conquistá-los? Nem sequer permaneces com o desejo das coisas boas, mas te locupletas com todas as coisas antes de desejá-las, comendo antes de sentires fome, bebendo antes de sentires sede, obtendo para ti cozinheiros para conferir tempero ao comer, comprando para ti caros vinhos e correndo de cá para lá em busca de neve no verão para conferir sabor ao beber; para tranquilizar teu sono leve não basta para ti adquirir cobertas macias, mas precisas de estrados para teus leitos. Com efeito, não o mourejar, e sim o tédio de não ter o que fazer te faz almejar o sono. Por meio de diversos ardis, usando homens e mulheres, realmente despertas desejos sexuais quando deles não há necessidade: é assim que exercitas teus amigos, fazendo crescer o desregramento à noite e consumindo no sono as melhores

31 horas do dia. Imortal tu és, mas também és a proscrita dos deuses, o objeto de escárnio das pessoas de bem. O louvor, a mais doce das coisas aos nossos ouvidos, isto tu não ouves; a mais doce das visões não contemplas, pois jamais contemplaste uma boa obra construída por ti mesma. Quem acreditará no que dizes? Quem concederá o que pedes? Qual a pessoa de senso que ousará aderir à multidão que te segue? Enquanto teus partidários são jovens, seus corpos são débeis, e quando envelhecem, falta senso às suas almas; ociosos e lustrosos vicejam na juventude, e murchos e extenuados atravessam a velhice, seus atos pretéritos trazendo-lhes vergonha, seus atos presentes angústia. Chafurdados no prazer em sua juventude, garan-

32 tiram adversidade para sua velhice. Quanto a mim, frequento os deuses e as pessoas de bem e nenhuma ação nobre divina ou humana é realizada sem meu concurso. Sou a primeira do prisma da honra entre os deuses e entre os homens que comigo

---

51. ...Ἀρετὴ... (*Aretḗ*).

têm afinidade: para os artesãos, uma amada cooperária; para os senhores, uma fiel guardiã da casa; para os servos, uma bondosa protetora; eficiente colaboradora nas labutas da paz, constante e leal aliada nas proezas da guerra, a melhor parceira na amizade. Para meus amigos o alimento e a bebida produzem o prazer suave e singelo, já que aguardam até desejá-los. E o sono que os acomete é mais doce do que o sono dos ociosos. Não se constrangem dele despertar, nem devido a ele negligenciam seus deveres. Os jovens se regozijam em granjear o louvor dos velhos; os anciãos do povo ficam contentes por serem honrados pelos jovens; com alegria recordam-se de suas ações passadas, e seu bom procedimento presente é motivo de júbilo para eles, pois por meu intermédio eles são caros aos deuses, afetuosos para os amigos, valiosos para suas pátrias. E quando chega o desfecho que lhes cabe, jazem não esquecidos nem desonrados, mas sobrevivem cantados e lembrados para sempre. Oh, Héracles, tu filho de bons pais[52], se te empenhares seriamente dessa maneira, poderás conquistar para ti próprio a mais abençoada felicidade.'

34 Esta é, resumidamente, a história de Pródico acerca da educação de Héracles pela Virtude, com a diferença que ele trajou as ideias em frases ainda mais belas do que o que fiz agora. Mas, de qualquer forma, Aristipo, seria bom que refletisses nessas coisas e procurasses devotar algum cuidado pela existência que se coloca a tua frente."

2

NOTANDO QUE SEU FILHO MAIS VELHO, Lamprocles, mostrava-se mal-humorado com sua mãe, disse Sócrates: "Diz-me, meu rapaz, sabes que alguns seres humanos são classificados como ingratos?"

"Realmente sei," respondeu o jovem.

---

52. Zeus e a mortal Alcmena.

"E compreendes como e por que incorrem nessa qualificação negativa?"

"Sim. A palavra é aplicada aos que não manifestam a gratidão que podem manifestar pelos benefícios que recebem."

"Compreendes, então, que os ingratos estão entre os injustos?"

"Sim."

2 "Bem, constatando que a escravização é considerada um ato justo ou injusto dependendo de serem as vítimas amigos ou inimigos, algum dia consideraste se o caso da ingratidão é análogo, a saber, a ingratidão sendo injusta com os amigos, mas justa com os inimigos?"

"Na verdade, já considerei. E penso que é sempre injusto não demonstrar gratidão por um favor recebido de quem quer que seja, amigo ou inimigo."

3 "Se assim é, não será necessariamente a ingratidão injustiça pura e simples?"

Ele assentiu.

"Portanto, quanto maiores forem os benefícios recebidos, maior será a injustiça em não manifestar gratidão?"

Novamente ele assentiu.

"Ora, será possível descobrir uma obrigação mais profunda do que aquela que os filhos devem aos pais? Os filhos devem aos seus pais sua existência e sua porção de todos os belos espetáculos e de todas as bênçãos que os deuses proporcionam aos seres humanos, dádivas a tal ponto valorizadas por nós que ninguém hesitaria em tudo sacrificar de preferência a perdê-las. E a razão por que governos punem com a pena de morte os maiores crimes é o fato de que o temor dela constitui o mais

4 poderoso elemento capaz de dissuadir o criminoso de cometer o crime. Obviamente não supões que o desejo sexual leva os homens a gerar filhos, uma vez que as ruas e as casas de deboche fornecem muitíssimos meios de satisfazê-lo. Está claro que selecionamos como esposas as mulheres que, para nós, darão à luz

os melhores filhos e, em seguida, com elas nos casaremos para constituir uma família. O homem sustenta a mulher que partilhará com ele o dever de ascendência, e provê os esperados filhos, sejam quais forem que segundo ele contribuirão para o bem do casal durante a existência, e disso acumula o máximo possível. A mulher concebe e suporta sua carga no trabalho de parto, pondo sua vida em perigo, e dando do seu próprio alimento; depois de extremo esforço, tendo resistido até o fim, [cumprido sua parte] e dando à luz o filho, ela o cria e dele cuida, a despeito de não ter com isso auferido nenhuma vantagem, mesmo porque o bebê nem reconhece sua benfeitora nem é capaz de comunicar suas necessidades a ela; ainda assim, ela adivinha o que é bom para ele e aquilo de que ele gosta, procurando suprir-lhe isso, dele cuidando durante uma longa estação, trabalhando arduamente dia e noite, nada sabendo a respeito do retorno que viria a obter.

6   Tampouco limitam-se os pais a simplesmente suprir alimento, pois tão logo seus filhos mostram-se capazes de aprender, ensinam-lhes tudo que podem para o bem deles. E se julgam que uma outra pessoa dispõe de maior competência para ministrar-lhes conhecimento, enviam-lhe seus filhos, arcando com o custo disso, e se empenham com todas suas forças para que os filhos possam se sair o melhor possível."

7   Mas a isso o jovem replicou: "Que seja, mas mesmo que ela tenha feito tudo isso e ainda muito mais, ninguém poderia lidar com seu temperamento difícil."[53]

"O que achas," perguntou Sócrates, "que é o mais difícil de tolerar: a brutalidade de um animal selvagem ou a brutalidade de uma mãe?"

"Eu diria que a de uma mãe, se fosse como a minha."

"Bem, muitas pessoas são mordidas ou escoiceadas por animais selvagens. Algum dia ela já te feriu dessa maneira?"

---

53. Dizem que Xantipa, a esposa de Sócrates e mãe de Lamprocles, tinha um temperamento nada fácil.

8 "Ah, não, mas diz coisas que ninguém ouviria por nada no mundo."

"Ora, quanto aborrecimento pensas ter dado a ela com tuas palavras mal-humoradas e teu comportamento rebelde diuturnamente desde que eras um menininho. E quanto sofrimento todas as vezes que ficaste doente?"

"Mas eu nunca disse ou fiz qualquer coisa que a envergonhasse."

9 "Realmente achas mais difícil para ti ouvir ao que ela diz do que para os atores ouvirem mútuos insultos em uma tragédia?"

"Um ator, suponho, não pensa que uma pergunta que lhe é feita levará a um castigo, ou que uma ameaça representa um dano, de modo que pouco se importa com isso."

"E por que deverias aborrecer-te? Sabes muito bem que não há maldade naquilo que tua mãe te diz; pelo contrário, o desejo dela é que sejas o mais abençoado dos seres... A menos, é claro, que suponhas que tua mãe alimenta uma disposição maldosa em relação à ti."

"Ah, não! Não suponho isso."

10 "Então," disse Sócrates enfaticamente, "tua mãe guarda uma disposição bondosa quanto a ti; zela por ti devotadamente quando estás doente e providencia o que desejas sem exigir nada em troca; mais do que isso, ora aos deuses para que te cubram de bênçãos e faz votos em teu nome... e ainda assim dizes que ela é uma fonte de irritação! O que me parece é que se não podes

11 tolerar uma mãe como a tua, não podes tolerar um bem. Agora, dize-me: existe qualquer outro ser que te sintas obrigado a considerar? Ou te dispões a não agradar a ninguém, e a não obedecer a ninguém, quer a um general ou a qualquer outra pessoa que comanda?"

"É claro que não!"

12 "Desejarias agradar ao teu próximo, por exemplo, para que ele, quando necessitasses, acendesse um fogo para ti, pudesse te ajudar na prosperidade, e no caso de acidente ou de teu fracasso, pudesse dispor-se a te estender uma mão amiga que te auxiliasse?"

"Sim, desejaria."

"Quando estás com um companheiro de viagem em terra ou no mar, ou acontece de conheceres alguém, é para ti indiferente se esta pessoa comporta-se como amigo ou inimigo? Ou pensas que sua atitude positiva em relação à ti merece ser cultivada?"

"Penso que sim."

13 "E, no entanto, mesmo resolvido a cultivá-la, não achas que deves amabilidade à tua mãe, que te ama mais do que todos? Não sabes que até o Estado ignora todas as outras formas de ingratidão e não emite qualquer juízo acerca delas, não se importando em absoluto se aquele que foi favorecido deixa de ser grato ao seu benfeitor, mas que pune o indivíduo que não é amável com seus pais e o rejeita como indigno de ocupar um cargo público, entendendo que seria para ele lastimável oferecer sacrifícios em nome do Estado, e que é improvável que esse indivíduo faça qualquer outra coisa nobre e justa? E, por Zeus, se alguém deixa de prestar honra à sepultura dos pais, o Estado leva tam-
14 bém isso em consideração ao examinar os candidatos aos cargos públicos. Diante disso, meu rapaz, se fores prudente, suplicarás aos deuses para que perdoem teu desleixo com tua mãe, para que eles, por seu turno, não neguem sua bondade a ti, tendo-te na conta de um ingrato; e te acautelarás com os seres humanos, para que todos eles não te transformem em um proscrito ao notarem que não te importas em absoluto com teus pais, ficando tu, finalmente, sem um único amigo. De fato, se os homens pensarem que és ingrato com teus pais, nenhum deles pensará que serias grato por qualquer gentileza que poderia fazer-te."

3

Em uma outra oportunidade, Sócrates encontrou dois irmãos que lhe eram bem conhecidos: Querefonte e Querécrates, imersos em uma acirrada briga. Pousando os olhos neste

último, ele exclamou: "Decerto, Querécrates, não és um daqueles que afirmam que bens e posses são mais valiosos do que um irmão, considerando-se que aqueles são insensíveis e este é sensível, aqueles são incapazes de prestar auxílio, enquanto
2 este é disso capaz. Isso sem contar que dispões de muitos bens, mas de um único irmão. É também estranho que alguém deva pensar que perde por causa de seus irmãos porque não pode possuir o que é deles além daquilo que lhe pertence e, não obstante, não deva pensar que perde devido aos seus concidadãos pelo fato de as posses destes não lhe pertencerem; e enquanto, nesse caso, as pessoas possam ponderar que é melhor pertencer a uma comunidade, seguras com uma posse suficiente, do que morar solitárias com a posse precária de todas as propriedades de seus concidadãos, não conseguem compreender que um
3 princípio idêntico aplica-se aos irmãos. Por outro lado, os que dispõem de recursos, compram servos para que os aliviem do fardo do trabalho, fazem amizades porque sentem necessidade de ajuda e, no entanto, em nada se importam com seus irmãos, como se a amizade pudesse existir entre concidadãos, mas não
4 entre irmãos. E, todavia, a ascendência comum e a educação comum constituem fortes laços de afeição, já que até animais selvagens criados juntos experimentam um natural afeto mútuo. Além disso, nossos concidadãos respeitam mais aqueles entre nós que têm irmãos do que os que não têm, predispondo-se, inclusive, menos a com eles brigar."

5 "Se houvesse entre nós, Sócrates, apenas uma ligeira diferença," replicou Querécrates, "talvez fosse meu dever entender-me com meu irmão e não permitir que ninharias nos separem. Isto porque um irmão que se comporta como um irmão é, como dizes, uma bênção. Mas quando seu comportamento não se assemelha em absoluto com isso, sendo, na verdade, precisamente o oposto do que deveria ser, de que serve fazer tentativas impossíveis?"

6 "Todos acham Querefonte tão desagradável quanto achas, Querécrates, ou há quem, mesmo em pequeno número, o considera muito agradável?"

"Ah, Sócrates," ele lamentou, "eis exatamente o motivo para eu odiá-lo... Ele é suficientemente simpático e agradável com outras pessoas, mas toda vez que está comigo diz e faz invariavelmente mais para me ferir do que para me ajudar."

7 "Bem," Sócrates observou, "se tentas lidar com um cavalo desconhecendo a maneira certa de fazê-lo, ele te fere. Não acontecerá o mesmo com um irmão? Será que não te fere porque procuras lidar com ele sem saber como fazê-lo?"

8 "Como!" exclamou Querécrates, "Será que não sei como lidar com um irmão quando sei retribuir uma palavra amável e uma ação generosa? Mas não posso falar ou agir amavelmente com alguém que tenta aborrecer-me com suas palavras e ações... E mais do que isso, não procurarei fazer tal coisa."

9 "Querécrates, tu me assombras! Se tivesses um cão pastor que fosse amigável com os pastores, mas que rosnasse quando te aproximasses dele, jamais te ocorreria zangar-se com isso e, pelo contrário, procurarias abrandá-lo por meio de gestos amáveis. Declaras que se teu irmão te tratasse como um irmão, ele significaria uma enorme bênção e admites que és capaz de falar e agir amavelmente. E, no entanto, não te dispões a imaginar que ele será a maior bênção possível para ti."

10 "Receio, Sócrates, que careço de sabedoria para fazer Querefonte tratar-me como deveria."

"E, a despeito disso," disse Sócrates, "não há necessidade, pelo que percebo, de qualquer sutil ou incomum planejamento de tua parte. Acho que sabes como conquistá-lo e ser por ele benquisto."

11 "Se notaste que conheço algum meio de me fazer amar sem ter disso conhecimento, rogo-te que me digas imediatamente."

"Então, dize-me agora: se estivesses interessado em ser convidado para um jantar com um conhecido quando ele oferece sacrifícios, o que farias?"

"Decerto tomaria a iniciativa de convidá-lo eu mesmo quando fizesse minhas oferendas de sacrifícios."

12 "E supondo que quisesses estimular um de teus amigos a cuidar de teus negócios quando te ausentasses de casa, como agirias?"

"Está claro que primeiro me ofereceria para cuidar de seus negócios quando ele se ausentasse."

13 "E imagina que quisesses um estrangeiro para entreter-te durante o período em que estivesses visitando sua cidade. O que farias?"

"Evidentemente começaria por entretê-lo quando visitasse Atenas. E se desejasse que ele se interessasse vivamente em promover o negócio que motivara a minha presença em sua cidade, é evidente que eu tomaria a iniciativa de agir dessa forma a seu favor quando ele me visitasse."

14 "Parece que há muito ocultas um conhecimento de todos os meios de se fazer amar que já foram descobertos. Ou será que hesitas em criar um antecedente por medo de comprometeres tua honra por tomar a iniciativa de manifestar amabilidade com teu irmão? E, no entanto, geralmente é considerado digno do maior louvor antecipar a malevolência de um inimigo e a benevolência de um amigo. Assim, se eu julgasse Querefonte mais capacitado do que tu para mostrar o caminho dessa amizade, tentaria convencê-lo a tomar a iniciativa de um entendimento contigo. Mas como estão as coisas, minha opinião é que é mais provável obter êxito nessa empresa sob a tua diretriz."

15 "Tuas palavras parecem-me despropositadas, Sócrates!" reagiu Querécrates. "É inteiramente estranho que induzas a mim, o irmão mais novo, a mostrar o caminho! Com certeza, todos sustentam a opinião contrária, ou seja, a de que o irmão mais velho deve sempre agir e manifestar-se primeiro."

16 "Como assim?" disse Sócrates. "Não é opinião geral que um jovem deve abrir caminho para alguém mais velho quando se encontram, a ele ceder seu assento, oferecer-lhe um leito confortável e dar-lhe o direito à palavra inicial? Meu bom amigo, não titubeies em assumir a tarefa de pacificar teu homem, que em nenhum tempo ele não deixará de reagir às tuas propostas.

Não vês quão generoso e franco ele é? Em verdade, indivíduos vis cedem mais prontamente diante de presentes, mas a amabilidade é a arma de eficiência mais provável quando se trata de uma pessoa de bem."

17 "E o que fazer," indagou Querécrates, "se todos os meus esforços em nada melhoram a situação?"

"Bem, neste caso presumo que terás demonstrado que és honesto e fraterno, e que ele é vil e não merecedor da bondade. Mas estou convicto que não será este o resultado de tua tentativa, isto porque tão logo esteja ele ciente de teu repto para essa competição, ele se mostrará ansioso para superar-te em matéria de palavras e atos amáveis. O que pensar se

18 um par de mãos se negasse a função do auxílio mútuo para o qual os deuses as criaram e se empenhassem em uma oposição recíproca? Ou se um par de pés descurassem do dever de funcionarem em conjunto – para o que foram construídos – e passassem a criar obstáculos um para o outro? Esta é a

19 conduta vossa presentemente. Não seria completamente insensato e desastroso utilizar para obstrução instrumentos que foram feitos para a ajuda? Além disso, acredito que um par de irmãos foram feitos pelos deuses para prestar um serviço mútuo mais importante do que um par de mãos, de pés, de olhos e de todos os órgãos que entenderam que são para ser usados como companheiros. De fato, as mãos não são capazes de lidar simultaneamente com coisas que estejam separadas mais de seis pés[54]; os pés não conseguem atingir em uma só passada coisas que estão separadas sequer seis pés; quanto aos olhos, embora pareça que possuam um raio de alcance maior, não podem, ao mesmo tempo, ver objetos ainda mais próximos do que isso, caso alguns estejam em frente e alguns atrás. Dois irmãos, contudo, se forem amigos, agem simultaneamente para benefício recíproco, não importa quão separados estejam um do outro."

---

54. Cerca de 1,8 metro.

4

EM UMA OUTRA OCASIÃO, ouvi-o proferir um discurso sobre a amizade que julguei de enorme utilidade para a aquisição de amigos, bem como para o benefício que podemos extrair da amizade. Dizia ele que era frequente ouvir a afirmação de que de todas as posses a mais valiosa era um amigo bom e sincero. "E, no entanto," prosseguia, "não há negócio em que a maioria dos homens seja mais especialmente negligente quanto aquele de adquirir amigos. Não há dúvida, a meu ver, que despendem zelo no que toca a adquirir casas, terras, escravos, gado e mobiliário, e são ciosos no sentido de conservar o que possuem. Mas embora comentem que um amigo é a maior das bênçãos, penso que a maioria dos indivíduos não pensam em como fazer novas amizades e como conservar os velhos amigos. De fato, se um de seus amigos e um de seus servos adoecem simultaneamente, acho que alguns solicitam a visita do médico para cuidar do servo e têm o cuidado de providenciar tudo que possa contribuir para a recuperação dele, ao passo que não dispensam nenhuma atenção ao amigo. Na hipótese da morte de ambos, afligem-se com a perda do servo, mas não dão a menor importância à morte do amigo. E embora suas outras posses recebam o devido cuidado e consideração deles, conservam-se surdos quanto à necessidade de atenção devida aos amigos. E além de tudo isso, acho que a maior parte dos indivíduos sabe da quantidade de suas outras posses, não importa quão grande seja o número delas e, todavia, é incapaz de dizer quantos amigos possui, mesmo que sejam pouquíssimos. E no caso de a eles ser solicitada uma lista, e procurarem fazê-la, introduzirão nomes para em breve os remover. E basta quanto à consideração que eles têm pelos amigos! E, apesar disso, ter um bom amigo constitui uma posse a que nada pode se comparar. Pois, afinal, qual é o cavalo, qual é a parelha de bois que nos serve melhor do que um bom amigo? Qual o escravo que se revela tão leal e

constante [no seu relacionamento conosco]? E haverá alguma posse que nos seja de mais valia? O bom amigo está sempre
6 a postos para fornecer tudo que seu amigo necessita para amealhar sua riqueza particular e promover sua carreira pública. Se precisamos de sua generosidade, ele cumpre seu papel; se somos intimidados, ele vem em nosso socorro, compartilha de despesas, ajuda a convencer, tolera a oposição; é o primeiro a nos trazer regozijo quando estamos em meio à prosperidade
7 e o primeiro a nos reerguer quando o fracasso nos derruba. Em tudo aquilo que alguém pode fazer com suas mãos, no que pode ver com seus olhos, escutar com seus ouvidos ou executar com seus pés, em relação a tudo isso um amigo não recuará se houver necessidade de auxílio. A despeito disso, ainda que alguns se empenhem no cultivo de uma árvore em vista de seus frutos, a maioria deixa de ter o devido cuidado e mostra-se indiferente com aquilo que é a mais frutífera das posses e que atende pelo nome de amigo."

5

EM UMA OUTRA OPORTUNIDADE, testemunhei quando ele exortava um ouvinte – pois assim interpretei seu discurso – a fazer uma autocrítica e perguntar-se quanto valia para seus amigos. Sócrates percebera que um de seus companheiros negligenciava um amigo atingido pela pobreza e, assim, questionou Antístenes na presença de vários outros companheiros,
2 inclusive do amigo negligente.

"Antístenes," declarou, "terão amigos, como servos, valores específicos? Afinal, um servo, suponho, pode valer duas minas[55], um outro menos do que meia mina, um outro cinco minas, um outro não menos do que dez. Dizem que Nícias, filho

---

55. ...μναῖν... (*mnaîn*). A mina era uma moeda de prata ou de ouro, dez minas de prata equivalendo a uma *mina* de ouro, sessenta minas de prata equivalendo a um talento (a unidade monetária fundamental). A mina equivalia a cem dracmas.

de Nicerato, pagou um talento inteiro por um administrador de sua mina de prata. Assim, sou levado a indagar se amigos também não têm valores diferentes."

3 "Sim," respondeu Antístenes, "há homens cuja amizade eu avaliaria valer duas minas, outros cuja amizade avaliaria em menos de meia mina; para outros eu daria dez minas; por outros ainda eu pagaria qualquer soma para tê-los como meus amigos."

4 "Bem, se é assim," disse Sócrates, "não seria o caso também de alguém se perguntar quanto realmente vale para seus amigos, e procurar tornar-se o mais valioso possível, de modo a que não houvesse a possibilidade de seus amigos se virem tentados a traí-lo? É frequente, no meu caso, ouvir queixas desta espécie: 'Um amigo me traiu', 'alguém que eu tinha na conta de um
5 amigo renunciou a mim por uma mina'. Penso nisso e tenho comigo que, quando alguém vende um mau escravo, aceita na sua venda qualquer coisa que consegue, e talvez seja tentador vender um mau amigo quando surge uma chance de obter mais do que aquilo que ele vale. Não há oferta, a meu ver, de venda de bons servos, e tampouco são os bons amigos traídos."

6

No DIÁLOGO QUE SE SEGUE, concluí que ele instruía quanto a como testar as qualidades que tornam a amizade de alguém digna de ser granjeada.

"Diz-me, Critóbulo," ele disse, "se estivéssemos interessados em um bom amigo, como iniciaríamos a sua busca? Deveríamos primeiramente procurar alguém que não é escravizado pelo comer, beber, pelo desregramento sexual, o sono ou a ociosidade? Afinal, o escravo desses senhores não é capaz de cumprir seus deveres no que toca a si mesmo ou a seus amigos."

"Decerto que não é capaz."

"Então achas que deveríamos evitar alguém que está submetido a eles?"

"Com certeza é o que acho."

2 "E quanto ao esbanjador, que nunca se satisfaz, e que está sempre recorrendo aos vizinhos em busca de ajuda; se consegue algo emprestado, não devolve; se nada consegue, queixa-se disso. Não achas que este também seria um amigo problemático?"

"Sem dúvida."

"Assim sendo, deveríamos também evitá-lo?"

"Realmente deveríamos."

3 "Por outro lado, que tal o hábil homem de negócios sempre ansioso por fazer dinheiro e, portanto, regateia por centavos, adora receber, mas não é dado a retribuir?"

"Pelo que percebo, esse consegue ser ainda pior do que o último."

4 "E quanto ao homem que é tão apaixonado pelos negócios que não tem tempo para mais nada exceto para se devotar egoistamente à perseguição do dinheiro?"

"Penso que deveríamos também evitá-lo. Não há nada de proveitoso em conhecer tal tipo de pessoa."

"E quanto ao indivíduo encrenqueiro que está sempre disposto a atrair para seus amigos muitos inimigos?"

"Está claro que temos que nos esquivar também dele."

"Bem... vamos supor que alguém não apresenta nenhum desses defeitos, porém embora se predisponha a receber amabilidades, não pensa em retribuí-las."

"Trata-se de outro cuja amizade não traz proveito de algo. Mas afinal, Sócrates, quais as qualidades que devem caracterizar a pessoa cuja amizade procuraremos conquistar?"

5 "Presumo que as opostas às que mencionamos. Procuraremos alguém que exerça controle sobre seus desejos físicos, que seja verdadeiramente hospitaleiro[56] e honesto em suas transações, e predisposto a fazer por seus benfeitores tanto quanto

---

56. ...εὔοικος... (*eúoikos*): provável falha do manuscrito. Mas o próprio Sauppe acena para alternativas congruentes de substituição: εὔνους (*eúnous*), benevolente ou leal, ou, melhor a nosso ver, εὔορκος (*eúorkos*), que mantém a palavra, escrupuloso.

estes fazem por ele, de modo a ser uma pessoa merecedora de ser conhecida."

6 "E como, Sócrates, apurarmos tais qualidades antes de estreitarmos a amizade?"

"Que teste aplicamos a um escultor? Não o julgamos pelo que declara, mas pelas estátuas que produz. Se constatamos que as obras que já confeccionou são belas, nos disporemos a crer que suas futuras obras também serão belas e de boa qualidade."

7 "Queres dizer que todo aquele cujas boas obras feitas aos seus velhos amigos são visíveis claramente também se revelará um benfeitor com novos amigos?"

"Sim, uma vez que quando noto que um proprietário de cavalos tem o hábito de tratar bem seus animais, concluo que tratará igualmente bem outros animais."

8 "Admito. Mas quando encontramos um indivíduo que parece digno de nossa amizade, como procederemos para fazer dele nosso amigo?"

"O primeiro passo seria buscar orientação dos deuses para ver se nos aconselham a conquistar essa amizade."

"E em seguida? Supondo que tenhamos feito nossa escolha e contemos com a aprovação dos deuses, podes dizer-me como capturá-lo?"

9 "Por Zeus, certamente não como uma lebre mediante uma perseguição célere, nem como aves por meio de astúcia, e tampouco como inimigos[57] por meio da força. Não é tarefa fácil capturar um amigo contra sua vontade e também nada fácil conservá-lo cativo como um escravo. O que resulta desse tratamento é ódio e não amizade."

10 "E como chega à amizade?"

"Dizem que há meios de se fazer amado e os que os conhecem aplicam-nos para o encantamento daqueles que querem converter em amigos; também há poções que os conhecedores administram aos seus escolhidos e conquistam sua amizade."

---

57. ...ἐχθροί... (*ekhthroí*): outra provável falha do manuscrito. A substituição mais compatível com o contexto parece ser κάπροι (*káproi*), javalis.

11 "E como, então, podemos ter deles conhecimento?"
"Sabes, por meio de Homero, qual o enfeitiçamento aplicado pelas sereias em Odisseu. Principia assim:
'Aproxima-te, aproxima-te, celebrado Odisseu, magna glória dos aqueus.'"[58]
"Então devemos concluir, Sócrates, que as sereias cantaram nesse estilo também para outras pessoas, de modo a impedir que aqueles que se achavam sob seu enfeitiçamento as deixassem?"

12 "Não, somente para aqueles que ansiaram pela reputação possibilitada pela virtude."

"O que queres dizer – se posso captá-lo – é que o enfeitiçamento tem que ser apropriado a quem o ouve, para que este não tome o louvor por zombaria."

"Sim, uma vez que elogiar alguém por sua beleza, seu porte expressivo e sua força... estando esse alguém consciente de que é feio, de porte atarracado e franzino, é o meio de repeli-lo e fazê-lo gostar menos de ti."

"Conheces outros encantamentos?"

13 "Não, mas ouvi dizer que Péricles conhecia muitos e que os aplicou à cidade, fazendo-a amá-lo."

"E como Temístocles fez a cidade amá-lo?"

"Com absoluta certeza não por meio de encantamentos, mas *dependurando algum bom amuleto em torno dela.*"[59]

14 "Acho, Sócrates, que estás sugerindo que se desejamos granjear a amizade de uma pessoa de bem, temos, de nossa parte, que ser competentes nas palavras e igualmente nas ações."

"Mas imaginavas que um indivíduo mau poderia conquistar a amizade de homens honestos?"

15 "Imaginava," respondeu Critóbulo, "pois observei que maus oradores têm no seu círculo de amizades bons oradores como

---

58. *Odisseia*, Canto XII, 184.
59. A expressão de Sócrates (*em itálico no texto*) é, presumivelmente, apenas figurativamente mágica. O que ele quer dizer é que, sendo Temístocles, acima de tudo, um homem de ação e não de discursos, empreendeu a proteção de Atenas não por meio de suas palavras, mas por meio de uma frota e de fortificações.

amigos, enquanto alguns que são incapazes de comandar um exército são íntimos de grandes generais."

16 "Rumando, então, para o ponto em discussão: conheces casos de indivíduos inúteis que produzem amigos úteis?"

"Por Zeus, decerto que não, mas se é impossível que os maus conquistem a amizade de pessoas de bem, estou ansioso para saber se é fácil para uma genuína pessoa de bem ser amiga de pessoas de bem."

17 "Teu problema, Critóbulo, é que encontras frequentemente *homens*[60] que fazem o bem e se esquivam ao mal não em condições amigáveis, mas predispostos a brigarem e se tratarem mutuamente mais asperamente do que pessoas indignas."

18 "Sim," Critóbulo assentiu, "e essa conduta não se limita a pessoas, mas inclusive os Estados que zelam pelo que é correto e apreciam minimamente o incorreto experimentam amiúde
19 a inimizade. Essas ideias conduzem-me ao desespero no que respeita à questão da aquisição de amigos, na medida em que percebo, por um lado, que velhacos não podem ser amigos entre si... Uma vez que como poderiam os ingratos, os negligentes, os egoístas, os desleais, os desregrados formarem amizades? Sinto-me
20 seguro, assim, que por força de sua natureza, os velhacos são inimigos, e não amigos. Mas, por outro lado, como salientas, tampouco podem os velhacos jamais constituir amizade com pessoas honestas, pois como poderiam malfeitores tornarem-se amigos daqueles que abominam sua conduta? E na hipótese de termos que acrescentar que os partidários da virtude lutam entre si pelo comando dos Estados, invejando-se e odiando-se mutuamente, quem, afinal, serão amigos e onde serão encontradas benevolência e fidelidade entre os homens?"

21 "Ah, Critóbulo," Sócrates disse, "esse assunto envolve estranhas complicações. Se, [por um lado,] há alguns elementos na natureza humana que implicam a amizade, ou seja, os seres humanos necessitam-se entre si, sentem compaixão, trabalham

---

60. ...ἄνδρας... (*ándras*).

em conjunto em prol do seu bem comum e, conscientes desses fatos, são gratos uns aos outros, há, [por outro lado,] elementos de antagonismo presentes no ser humano; de fato, ao considerarem as mesmas coisas honrosas e prazerosas, eles entram em desacordo e assumem partidos diferentes. O conflito, 22 a disputa e a ira levam à hostilidade, a cobiça à inimizade, a malevolência ao ódio. A despeito disso, a amizade move-se discreta e furtivamente em meio a todos esses obstáculos e une as naturezas amáveis, pois graças à virtude destas, a segurança serena de posses moderadas é recompensada acima da soberania conquistada pela guerra; apesar da fome e da sede, conseguem dividir seu alimento e sua bebida sem com isso se afligirem, e embora extraiam gozo dos encantos da beleza, são capazes de resistir ao engodo e esquivam-se a ofender aqueles a quem 23 devem respeito; e não são capazes apenas de compartilharem legalmente a riqueza e se manterem longe da cobiça, como também de atender às necessidades alheias. São capazes de dirimir conflitos não só de maneira indolor como também de maneira mutuamente proveitosa, e de evitar que a ira realize a sua trajetória rumo ao remorso. A malevolência ou inveja é completamente abolida por eles, na medida em que consideram seus próprios bens como pertencentes aos seus amigos e os 24 destes pertencentes a eles. Decerto, então, será provável que os verdadeiros homens de bem partilharão também as honras públicas não só sem se prejudicarem entre si como também para o seu benefício comum? O fato é que os que desejam conquistar honras e governar seus Estados de modo a poderem cometer fraudes, atingir os outros com violência e viver no fausto, incorrem na injustiça, na falta de escrúpulos e na 25 incapacidade de obter unidade [no Estado]. Entretanto, se alguém procura ser honrado em um Estado no qual ele próprio não é vítima de injustiça e conta com a possibilidade de amparar seus amigos em causas justas, e por ocasião de assumir um cargo público pode tentar realizar algum bem em prol de sua pátria, como conceber que fosse incapaz de conseguir a união com pessoas como ele mesmo? Sua ligação com outras pessoas de bem o tornariam menos capaz de servir aos seus amigos? Estaria ele menos capacitado a beneficiar seu Estado com o auxílio de outras pessoas de bem? Até mesmo nos jogos públicos é evidente que se os competidores mais fortes tiverem a permissão de juntar forças contra os mais fracos, obterão vitória em todas as provas e abiscoitarão todos os prêmios. É verdade que isso não é permitido nos jogos, mas na política – onde os homens de bem sejam os mais fortes – ninguém impede alguém de constituir uma associação formada por deliberação do governante para benefício do Estado. Consequentemente, é certo que na vida pública é proveitoso fazer amigos entre as melhores pessoas e considerá-las como parceiros e coexecutores na causa comum, e não os rivais. Por outro lado, é igualmente evidente que todo aquele que for à guerra precisará de aliados e, especialmente, se tiver que combater um exército de homens de bem. Que se acrescente que aqueles que querem lutar do teu lado têm que ser bem tratados para que possam experimentar a vontade de se dedicarem [à luta], não sendo uma prática muito acertada dispensar mais bom tratamento aos melhores, os quais são numericamente menos expressivos, do que aos piores, que constituem o maior contingente; de fato, os maus têm muito mais necessidade de bom tratamento do que os bons. Ânimo, Critóbulo! Procura ser bom e quando o conseguires, põe-te na captura de teu homem de bem. Talvez eu mesmo, na qualidade de um adepto do amor, possa ajudar-te na busca de homens de bem. De fato, quando quero conquistar alguém, é de se surpreender como me esforço para ter o meu amor correspondido, ter dele a recíproca de minha saudade, no meu anseio de que ele me quererá tanto quanto eu o quero. Compreendo que experimentarás também essa necessidade quando desejares construir uma amizade. Portanto, não faças segredo para mim dos nomes daqueles cuja amizade desejas. Com efeito, sou zeloso no sentido de agradar aquele que me agrada, de modo que me é facultado concluir que não me falta experiência na caça aos seres humanos."

30 "Bem, Sócrates," Critóbulo prestou-se a responder, "estas são as lições que há muito desejo aprender, principalmente se a mesma habilidade adquirida nas aulas servir para conquistar uma boa alma e um belo corpo."
31 "Não, Critóbulo," retrucou Sócrates, "não faz parte de minha habilidade agarrar os belos e reduzi-los à submissão. Estou convencido que a razão dos homens fugirem de Sila[61] era ela os agarrar; as sereias, contudo, não agarravam homem algum. Entoavam cantos de muito longe que atingiam a todos e, consequentemente, – segundo se diz – todos que as ouviam eram enfeitiçados."
32 "Não pretendo agarrar ninguém," disse Critóbulo, "só me ensina qualquer boa estratégia que conheças para que eu faça amigos."

"Então tampouco farás contato de lábio com lábio?"

"Ora, anima-te!" Critóbulo apressou-se em responder, "Não pretendo tampouco tocar um outro lábio com o meu... a menos que o dono desse lábio seja belo!"

"Esse seria para ti, Critóbulo, um começo desastroso! Os belos não se submeterão a essa conduta, porém os feios a apreciam, na suposição de que sejam classificados como belos devido à beleza de suas almas."

33 "Um beijo para os belos!" exclamou Critóbulo, "E mil beijos para os bons! Este será meu lema. Assim, anima-te e ensina-me a arte de apanhar amigos."

"Bem, se é assim, Critóbulo," disse Sócrates, "quando quiseres fazer um novo amigo, me permitirás comunicar-lhe que o admiras e que desejas sua amizade?"

"Decerto que deves comunicá-lo, de uma maneira ou outra. Que eu saiba, ninguém se põe a detestar quem o admira ou elogia."

34 "Supõe que eu vá em frente e lhe comunique que tua admiração por ele te leva a experimentar uma inclinação por ele...

---

61. Na mitologia grega, monstro marinho.

Não interpretarás isso como uma calúnia de minha parte, interpretarás?"

"Não. Quando imagino que alguém se sente inclinado por mim, nasce em mim uma semelhante boa vontade relativamente a essa pessoa."

35 "Então, permitirás que eu diga essas coisas sobre ti àqueles cuja amizade desejas. Ora, se permitires que lhes diga, além disso, que és devotado a teus amigos e que nada te causa tanto prazer quanto bons amigos, que experimentas tanto orgulho pelas belas realizações dos amigos quanto por tuas próprias, e tanta satisfação com o bem de teus amigos quanto com o teu, e que jamais te cansas de planejá-lo para teus amigos, e que a virtude de um homem[62] consiste em superar seus amigos em bondade e seus inimigos em dano... então penso que encontrarás um proveitoso companheiro na busca de bons amigos."

36 "Ora, por que me dizes tal coisa?... Em um tom como se não te sentisses livre para dizer o que pensas de mim."

"Por Zeus, não é bem assim. E posso citar Aspásia[63] em oposição ao que dizes. Ela uma vez me disse que bons negociadores de casamentos só alcançam sucesso em sua função quando as boas notícias que levam e trazem são verdadeiras; ela não recomendava falsas boas notícias, porque as vítimas do logro passam a se odiar, atingindo com seu ódio também o negociador de casamentos. Estou convencido da consistência disso, de forma que acho que não me convém dizer nada em teu louvor que eu não possa dizer com veracidade."

37 "Parece-me, Sócrates," admitiu Critóbulo, "que és o tipo de amigo capaz de ajudar-me se eu, de algum modo, tiver qualificações para fazer amigos. Mas se este não for o caso, não inventarás uma história a meu respeito."

"Como pensas que eu te ajudaria melhor, Critóbulo: por meio de elogios sem fundamento ou te incitando a ser um bom 38 homem? Se ainda não o compreendeste claramente, considera

---

62. ...ἀνδρὸς... (andròs).
63. Consorte de Péricles, o estadista ateniense. Viveu entre ?470 a.C. e 410 a.C.

os seguintes casos como ilustrativos: supõe que eu me dispusesse a achar um capitão de navio visando a estabelecer a amizade de vós; supõe, também, que, a título de recomendação, eu lhe dissesse que tu és um *bom mestre*, o que não é verdade; supõe ainda que ele me desse crédito e te incumbisse de seu navio, embora não saibas como pilotá-lo. Terias alguma razão para ter a esperança de que não perderias o navio e também tua própria vida? Ou supõe que eu declarasse à Assembleia, faltando à verdade, que és um general nato, e ao mesmo tempo jurista e estadista, e que convencesse o Estado a confiar sua sorte a ti. O que imaginas que aconteceria ao Estado e a ti mesmo sob teu governo? Ou, ainda, supõe que eu descrevesse a ti falsamente a certos cidadãos, em caráter privado, como alguém parcimonioso e zeloso, e os persuadisse a pôr seus negócios em tuas mãos. Não os prejudicarias e te exporias ao ridículo ao seres submetido à prova? Não... Critóbulo, se desejas ser considerado bom em qualquer coisa, tens que tentar sê-lo: este é o meio mais rápido, mais seguro... o melhor meio. Se refletires, concluirás que todo tipo de virtude que possui um nome entre os seres humanos, é ampliada mediante estudo e prática. Esta é a visão que tenho de nossa obrigação, Critóbulo. Se tens algo a dizer que a ela se oponha, manifesta-te a mim."

39

"E por que, Sócrates?" disse Critóbulo, "Contradizer-te nisso só me traria vergonha, pois se o fizesse estaria dizendo tanto o que é impróprio quanto o que não é verdadeiro."

7

No tocante aos embaraços de seus amigos surgidos por conta de ignorância, ele procurava saná-los por meio de aconselhamento; quanto aos ocasionados por privações, ele os instruía indicando como se ajudarem entre si na medida da capacidade de cada um. Também no que respeita a isso, informarei o que sei acerca de Sócrates.

Um dia, notando o mau humor de Aristarco, ele disse: "Aristarco, pareces carregar um fardo em teu espírito. Deverias dividi-lo com teus amigos. É possível que estejamos em condições de tranquilizar-te."

2 "Ah, Sócrates," admitiu Aristarco, "passo realmente por uma grande dificuldade. Desde a revolução, tem ocorrido um êxodo para o Pireu... e muitas das mulheres da minha família, abandonadas, vieram a mim: são irmãs, sobrinhas e primas, de forma que somos agora catorze pessoas na casa, isto sem contar os escravos. Nada podemos tirar de nossa terra porque nossos inimigos se apoderaram dela; por outro lado, agora que há tão poucos residentes na cidade, nenhum recurso pode ser extraído de nossa propriedade. Não há como vender pertences e é completamente impossível tomar dinheiro emprestado em qualquer lugar. Realmente acho que uma busca nas ruas daria melhor resultado do que a solicitação de um empréstimo. É duro, Sócrates, deixar nossa própria gente morrer... Mas ao mesmo tempo impossível sustentar tantas pessoas em tempos como estes."

3 Depois de ouvir isso, Sócrates indagou:

"Como explicar que com tantas bocas para alimentar, Ceramon consegue não só suprir suas necessidades e dos seus, como além disso, é capaz de poupar o suficiente para fazer dele um homem rico, enquanto tu, com tantas bocas para alimentar, teme que todos vós estejam condenados a morrer de fome?"

"Por Zeus!" ele exclamou, "A explicação é a seguinte: meus dependentes são pessoas livres, ao passo que os dele são escravos."

4 "E quem achas que são melhores, os escravos deles ou tuas pessoas livres?"

"Penso que minhas pessoas livres."

"Então não é calamitoso que tu e tuas pessoas livres estejam passando dificuldades enquanto ele é mantido na abundância por uma comunidade doméstica inferior?"

"Bem, é claro que seus dependentes são artesãos, ao passo que os meus tiveram uma educação liberal."

5 "E o que é um artesão? Será alguém que sabe como produzir algo útil?"

"É isso mesmo."

"A aveia é útil?"

"Sim, muitíssimo."

"E o pão?"

"Não menos do que a aveia."

"E quanto a mantos masculinos e femininos, túnicas curtas, clâmides e grandes túnicas?"

"Também todas essas coisas são sumamente úteis."

"E os membros de tua família não sabem produzir nenhum desses itens?"

"Pelo contrário. Acredito que são capazes de produzir todos eles."

6 "Então não sabes que produzindo apenas um deles, ou seja, a aveia, Nausicides não só sustenta a si mesmo e sua família, como também grandes rebanhos de suínos e bovinos e tem tanto para poupar a ponto de frequentemente incumbir-se de dispendiosos encargos públicos? Que Círebo alimenta bem toda sua família e vive no luxo assando pão? E Deméas de Cólito confeccionando clâmides e Mênon confeccionando mantos, enquanto a maioria dos habitantes de Megara tem um bom padrão de vida graças à confecção de túnicas?"

"Sim, claro que sei," ele concordou, "isso porque eles compram escravos estrangeiros e podem forçá-los a fazer o que convém. Mas minha família é constituída por pessoas livres e parentes."

7 "E simplesmente por serem eles pessoas livres e teus parentes, pensas que não devem fazer nada exceto comer e dormir? Achas que outras pessoas livres que vivem esse tipo de vida estão melhores e mais felizes do que as que se encontram utilmente ocupadas em um trabalho que compreendem? Ou tua experiência indica que a ociosidade e a negligência contribuem para que o ser humano aprenda o que deve saber e lembrar o

que aprende visando a torná-lo sadio e forte e obter e conservar coisas que são úteis na prática, enquanto o trabalho e o zelo 8 são coisas inúteis? Quando essas mulheres aprenderam o trabalho do qual dizes que elas têm compreensão, elas o consideravam inútil na prática, e não tinham intenção de assumi-lo ou pretendiam dele se ocuparem e dele obterem algum benefício? O que transmite maior prudência aos seres humanos: a ociosidade ou a ocupação útil? O que torna os seres humanos mais justos: o trabalho ou discussões vazias sobre orçamen-
9 tos? Por outro lado, imagino que nas atuais circunstâncias não amas essas senhoras e elas não te amam. Pensas que elas para ti constituem um encargo, enquanto elas percebem que as sentes como um fardo. Ora, o perigo nessa situação é a possibilidade do aumento do desamor e o desaparecimento do anterior sentimento de gratidão [que elas nutriam por ti]. Entretanto, se exerceres tua autoridade e fazê-las trabalhar, voltarás a amá-las quando descobrires que trazem recursos para ti e elas voltarão a querer-te bem quando sentirem que estás satisfeito com elas. Tu e elas apreciarão relembrar amabilidades passadas e fortalecerão o sentimento de gratidão promovido por tais amabilidades. O resultado será aprofundardes os laços de amizade
10 e vos sentirdes mais à vontade. Está certo que se elas fossem fazer algo vergonhoso, seria preferível a morte. Mas, a propósito, o trabalho de que elas têm entendimento é, tal como parece, o trabalho tido como o mais honroso e apropriado às mulheres; ademais, o trabalho do qual se tem compreensão é sempre realizado com a maior desenvoltura, com maior rapidez, orgulho e prazer. Assim sendo, não hesites em oferecer-lhes um trabalho que produzirá rendimentos tanto para ti quanto para elas... E é provável que acolherão bem tua proposta."

11 "Bem," disse Aristarco, "teu conselho parece tão bom, Sócrates, que penso ser agora viável fazer um empréstimo para contar com um capital inicial a fim de iniciar o negócio. Até então não me dispus a fazê-lo ciente de que uma vez gasto o dinheiro emprestado não teria recursos para pagar o empréstimo."

12   A consequência [desse diálogo] foi que o capital foi obtido e, em seguida, foi comprada lã. As mulheres trabalhavam durante o jantar e somente interrompiam sua atividade na hora da ceia. Rostos tristes foram substituídos por fisionomias felizes, os olhares suspeitosos por sorrisos joviais. Elas amavam Aristarco como um protetor e ele as amava porque eram pessoas úteis. Finalmente Aristarco voltou a Sócrates e após contar-lhe isso com satisfação, acrescentou: "Elas só se ressentem de uma coisa comigo: sou o único membro da comunidade familiar que come o pão que não é fruto do trabalho."

13   "Então porque não lhes narrar a história do cão?" perguntou-lhe Sócrates. "Diz-se que quando os animais eram capazes de falar, um carneiro disse ao seu senhor: 'Estranho que tudo que dás a nós, ovinos, é o que podemos retirar da terra, ao passo que nós te fornecemos lã, cordeiros e queijo. E, no entanto, divides teu próprio alimento com teu cão, que não te fornece nenhuma

14   dessas coisas.' O cão ouviu tais observações e interferiu: 'Não é para menos que ele o faz. Não sou eu que impeço que sejais roubadas por ladrões e arrastadas por lobos? Se não fosse por minha proteção, não poderíeis sequer se alimentar em paz, de medo de serdes mortos.' E assim, dizem, o carneiro reconheceu o direito do cão à preferência. Deves, então, dizer a essas mulheres que és seu cão de guarda e protetor, e que é graças a ti que elas vivem e trabalham em segurança e com conforto, sem que ninguém lhes faça mal."

8

Em uma outra ocasião, ao reencontrar um velho camarada após uma longa ausência deste, ele lhe perguntou: "De onde vens, Eutero?".

"Voltei quando a guerra terminou, Sócrates, e agora vivo aqui" foi sua resposta. "Visto que perdemos nossa propriedade no estrangeiro e meu pai nada me deixou na Ática, sou forçado a me instalar aqui agora e ganhar minha vida com o trabalho de minhas mãos. Parece-me que é melhor do que mendigar, mesmo porque não disponho de garantia para pleitear um empréstimo."

2 "E por quanto tempo pensas que terás forças para ganhar a vida com teu trabalho manual?"

"Oh, certamente não muito tempo."

"Mas lembra-te: quando envelheceres continuarás precisando gastar dinheiro, mas não encontrarás ninguém disposto a pagar-te por esse teu trabalho."

"É verdade."

3 "Assim, seria mais aconselhável dedicar-te de imediato a algum tipo de trabalho que venha a assegurar-te meios suficientes para sobreviveres na velhice, procurando alguém que esteja em melhor situação e queira um assistente, e possas obter uma remuneração por teus serviços atuando como seu administrador, auxiliando no acompanhamento de suas colheitas e cuidando de sua propriedade."

4 "Não gostaria, Sócrates, de me transformar em uma espécie de escravo."

"Ora, certamente aqueles que controlam seus Estados e cuidam de negócios públicos são considerados por isso mais respeitáveis e não mais vis."

5 "Para me expressar em poucas palavras, Sócrates: não tenho nenhuma inclinação para me expor à censura de quem quer que seja."

"Mas, Eutero, deves perceber que não é de modo algum fácil encontrar um emprego em que não se esteja sujeito à censura. Seja lá o que se faça, é difícil esquivar-se aos erros, sendo também difícil esquivar-se a críticas injustas mesmo que não se cometam erros. Imagino se consideras fácil permaneceres completamente ao abrigo das reclamações de teus atuais empregadores. Deverias, portanto, procurar não ter nada a ver com resmungões e te esforçares para dar a devida deferência aos senhores de boa formação; cumprir os deveres na medida de tua capacidade e te acautelares com qualquer um que seja para ti excessivo e, em tudo que executares, dar o melhor de ti e te devotares de coração ao trabalho. Penso que dessa maneira, é bem provável que possas escapar de censuras, encontrar alívio diante de tuas dificuldades, viver com tranquilidade e segurança, e conseguir amplos recursos para sobreviver em tua velhice."

9

Recordo-me de ter ele uma vez ouvido Críton declarar que a vida em Atenas revelava-se difícil para um homem que desejava preocupar-se com seus próprios negócios. "Atualmente," juntou Críton, "há ações pendentes contra mim não porque ofendi os demandantes, mas porque pensam que eu preferiria não demorar a pagar a ter problemas."

2 "Diz-me, Críton," observou Sócrates, "manténs cães para afastar os lobos de tuas ovelhas?"

"Com certeza," respondeu Críton, "já que vale mais a pena para mim mantê-los."

"Então por que não manter um homem que pode se revelar capaz e desejoso de afastar as tentativas de ofensa feitas a ti?"

"Eu o faria de bom grado se não tivesse receio de que ele se voltaria contra mim."

3 "O quê? Não vês que é muito mais agradável tirar proveito condescendendo com um homem como tu do que disputando com ele? Asseguro-te que há homens nesta cidade que se orgulhariam de tua amizade."

4 Na sequência imediata eles procuraram Arquedemos, um ótimo orador e homem de negócios, embora fosse um homem pobre. A propósito, não estava entre aqueles que ganham dinheiro inescrupulosamente, sendo um homem honesto e incapaz de permitir-se ser corrompido pelo dinheiro dos sicofantas. Assim, toda vez que Críton armazenava cereais, azeite, vinho, lã e ou-

tros produtos da fazenda, enviava uma porção a Arquedemos e quando realizava sacrifícios ele o convidava e, efetivamente, não perdia semelhantes oportunidades de demonstrar-lhe cortesia. Arquedemos passou a considerar a casa de Críton como um porto seguro e constantemente prestava seus respeitos a ele. Não demorou a descobrir que os sicofantas que acusavam Críton tinham muito a responder, além de muitos inimigos. Levou um deles a julgamento sob acusação que envolvia danos ou aprisionamento. O réu, consciente de sua culpa em vários aspectos, fez tudo que pôde para livrar-se de Arquedemos. Mas Arquedemos recusou-se a deixá-lo livre até que ele retirasse a ação movida contra Críton e o indenizasse. Arquedemos levou a cabo muitas outras ações de gênero semelhante, e então muitos dos amigos de Críton imploravam-lhe que fizesse de Arquedemos o protetor deles, tal como quando um pastor tem um cão de tal qualidade que os outros pastores desejam cuidar de seus rebanhos próximo dele para que possam usar seu cão. Arquedemos sentia-se feliz em servir a Críton, de sorte que houve paz não só para Críton, como também para seus amigos. Se alguém que ele ofendera reprovava Arquedemos por bajular Críton porque o considerava útil, ele respondia: "O que, afinal, é infamante: ter homens honestos como amigos aceitando e retribuindo seus favores, e desavir-se com patifes, ou tratar homens de bem como inimigos tentando ofendê-los e fazer amigos entre os patifes ao favorecê-los e dar preferência a sua intimidade?"

E daí por diante Arquedemos ganhou o respeito dos amigos de Críton e ele próprio foi recebido como amigo entre eles.

10

TAMBÉM ME LEMBRO DO SEGUINTE DIÁLOGO entre ele e seu companheiro Diodoro.

"Diz-me, Diodoro," começou ele, "se um de teus servos foge, tomas medidas para trazê-lo de volta com segurança?"

2   "Por Zeus, claro que sim!", ele respondeu, "Além de conclamar outras pessoas a me auxiliar, oferecendo-lhes uma recompensa pela recuperação do indivíduo."

"E, ademais, se um de teus servos fica doente, cuidas dele e chamas o médico para impedir que ele morra?"

"Sem dúvida é o que faço."

"Ora, supõe que um de teus conhecidos, que te é muito mais útil do que teus servos, esteja à beira da ruína premido pelas necessidades. 3 Não achas que valeria a pena tomar medidas para salvá-lo? Ora, sabes que Hermógenes é um homem escrupuloso que se envergonharia de receber um favor de ti sem retribuí-lo depois. E, certamente, vale quanto ter muitos servos ou contar com um subordinado que é um homem bem-disposto, de firmeza, confiável e leal, capaz de realizar tudo de que é incumbido, e, além disso, capaz de ser útil espontaneamente, ponderar com clareza e proporcionar aconselhamento. Os bons administradores 4 dos negócios domésticos, como bem o sabes, afirmam que a hora certa de comprar é quando um artigo valioso pode ser adquirido a um baixo preço... E presentemente as circunstâncias oferecem a oportunidade de adquirir bons amigos a um preço sumamente módico."

5   "Obrigado, Sócrates," disse Diodoro, "torce para que Hermógenes me procure."

"Por Zeus! Realmente isso é algo que não farei," ele retrucou, "pois penso que é, no mínimo, tão bom, do ponto de vista de teu interesse, tu próprio procurá-lo quanto convidá-lo a visitar-te, e tens tanto a ganhar quanto ele assim agindo."

6   O resultado dessa conversa foi Diodoro decidir-se a visitar Hermógenes e, como retribuição de uma pequena soma, ele conquistou um amigo que fazia questão de pensar em como podia ajudá-lo e agradá-lo, quer mediante palavras, quer mediante atos.

LIVRO
III

1

Darei na sequência meus esclarecimentos no tocante a como Sócrates auxiliava as pessoas desejosas de ganhar desta que, orientando-as para se qualificarem, de modo a se tornarem capacitadas a alcançar as honras que ambicionavam.

Soube ele, em uma ocasião, que Dionisodoro chegara a Atenas e proclamara que ia ensinar a arte do comando militar. Ciente de que um de seus camaradas desejava obter o cargo de general do Estado, Sócrates a ele se dirigiu nos seguintes termos: "Jovem, seria decerto uma ignomínia para alguém que desejasse ser um general no Estado perder a oportunidade de aprender os deveres [militares], e mereceria por isso ser punido pelo Estado com muito maior rigor do que aquele que esculpisse estátuas sem ter aprendido a ser um escultor. De fato, nos perigosos tempos de guerra, todo o Estado fica nas mãos do general, podendo um imenso bem resultar de seu êxito, tal como um imenso mal de seu fracasso. A conclusão é que todo aquele que se empenha para conseguir os votos, mas é negligente no que toca a aprender o ofício, merece ser punido."

Esse discurso convenceu a pessoa a procurar o [mestre em arte marcial] e aprender. Findo o aprendizado, quando ele retornou aos seus companheiros, Sócrates pilheriou a respeito dele: "Não acham, homens," disse, "que nosso amigo parece mais imponente, como Homero chamou a Agamenon, agora que aprendeu a arte militar? Pois, tal como aquele que aprendeu a tocar a harpa, é um harpista mesmo quando não a toca, e aquele que aprendeu medicina é um médico ainda que não pratique a medicina, nosso amigo será para sempre um general, mesmo que não obtenha um único voto. Mas o ignorante não é general nem médico, mesmo que obtenha todos os votos. Entretanto," ele prosseguiu, 5 "para que qualquer um de nós, que eventualmente possa vir a chefiar um regimento ou um pelotão sob teu comando, possa ter um melhor conhecimento marcial, conta-nos qual foi a primeira lição que ele[64] ministrou a ti acerca da arte do comando militar."

"A primeira foi como a última," ele respondeu; "ele me ensinou tática... Nada mais."

6 "Mas então isso foi apenas uma pequena porção da arte do comando," protestou Sócrates, "já que um general tem também que reunir condições para fornecer o equipamento militar e os suprimentos aos soldados; é necessário que ele seja expedito, ativo, zeloso, firme e perspicaz; é preciso que seja tanto gentil quanto rude, a um tempo direto e insidioso, capaz tanto de empregar cautela quanto o elemento surpresa, pródigo e ávido, generoso e mesquinho, habilidoso tanto na defesa quanto no ataque; há ainda muitas outras qualificações, algumas naturais, outras ad-
7 quiridas, que são necessárias àquele que aspira ao êxito como general. Decerto é importante também entender de tática, já que existe uma grande diferença entre a disposição certa e a errada das tropas, tal como pedras, tijolos, madeira e argila, que utilizados indiscriminadamente são inúteis, ao passo que quando os materiais que não estragam nem apodrecem, isto é, as pedras e a argila, são colocados na base e no alto, e tijolos e madeira colocados juntos na posição intermediária, como na construção, o resultado disso é algo de grande valor, ou seja, uma casa."

8 "Tua analogia é perfeita, Sócrates," disse o jovem, "pois no campo de batalha é necessário colocar os melhores soldados na dianteira e na retaguarda, e os piores no centro, de maneira que possam ser conduzidos pelos que estão na dianteira e impulsionados para a frente pelos que estão na retaguarda."

9 "Positivo... desde que ele tenha te ensinado também como distinguir entre bons e maus soldados. Se não o fez, qual foi o teu proveito com suas lições? O mesmo que se ele houvesse te

---

64. Ou seja, Dionisodoro.

mandado colocar o melhor dinheiro na vanguarda e na retaguarda, e o pior no meio, mas sem esclarecer-te quanto como distinguir a moeda verdadeira da falsificada."

"Garanto-te que ele não o fez, de forma que teremos que julgar por nós mesmos quais são os bons soldados e quais os maus."

10 "Assim sendo, mais nos valeria examinar como podemos não confundi-los."

"Gostaria de fazê-lo," disse o jovem.

"Bem, vejamos," continuou Sócrates, "se tivéssemos que botar as mãos em uma quantia de dinheiro, a correta disposição não seria pôr os homens mais cheios de cobiça na dianteira?"

"Penso que sim."

"E como procederemos com aqueles que irão afrontar o perigo? Deveria a nossa linha de frente ser composta dos que são mais amantes das honras?"

"Sim..., mesmo porque esses são os homens que enfrentarão o perigo por glória. Inclusive, em relação a esses, não há mistério algum... São visíveis em todo lugar, sendo fácil localizá-los."

11 "Mas...," disse Sócrates, "ele se limitou a ensinar-te a disposição de um exército, ou também abordou o onde e o como utilizar cada formação?"

"De modo algum."

"E, no entanto, há, de fato, muitas situações que reclamam modificações de tática e de estratégia."

"Posso assegurar que ele não explicou isso."

"Então trata de voltar a ele e perguntar-lhe. Se ele souber e não for um impudente, ficará envergonhado por ter-te mandado para casa depois de ser mal ensinado e por ter tomado teu dinheiro."

2

EM UM CERTO DIA, ao encontrar um homem que fora eleito general, Sócrates lhe perguntou: "Por que razão achas que

Agamenon é cognominado *Pastor do povo* por Homero? Seria porque um pastor deve zelar para que seu rebanho esteja seguro e alimentado, e para que o objetivo de sua manutenção, isto é, do pastoreio, seja atingido, como um general deve zelar pela segurança e alimentação de seus soldados e que o objetivo de sua luta seja atingido ou, em outras palavras, que a vitória sobre seus inimigos possa contribuir para sua felicidade? Ou que razão teria Homero para louvar Agamenon como *tanto um bom rei quanto um valoroso guerreiro*? Será que o que fazia dele *também um valoroso guerreiro* não era o fato de ser ele isoladamente um bom combatente, mas o tornar iguais a si todos os seus homens? E *um bom rei* não pelo simples fato de conduzir condignamente sua vida, mas o tornar também feliz a vida de seus súditos? Isso porque um rei é escolhido não para cuidar de si, mas para o benefício daqueles que o escolheram;[65] e todos os indivíduos lutam pela consecução da melhor vida possível, e escolhem generais que os conduzam a ela. A conclusão é que constitui o dever de um general dar conta disso a favor dos que o escolheram como general. Com efeito, é difícil encontrar outra coisa mais honrosa do que esta, ou qualquer coisa mais ignominiosa do que seu oposto.".

Mediante essas reflexões acerca do que constitui o bom condutor, ele destituía todas as demais virtudes, deixando apenas o poder de tornar felizes os seguidores.

3

Em uma outra oportunidade, quando alguém fora escolhido como chefe de cavalaria, lembro-me que Sócrates dirigiu-se a ele nos seguintes termos:

"Jovem," disse, "poderia nos dizer por que ansiavas um comando de cavalaria? Imagino que não tenha sido para, no

---

65. Historicamente, inclusive, a monarquia espartana não era absoluta, ou seja, a sucessão não era determinada exclusiva e necessariamente pela ascendência real, porém admitia uma forma de eleição ou escolha por parte dos súditos.

ataque, ser o primeiro da cavalaria, uma vez que esse privilégio pertence aos arqueiros montados. Parece-me que eles cavalgam à frente de seus comandantes."

"É verdade."

"Tampouco foi para tornar-te conhecido. Até os loucos gozam de uma certa fama junto a todos."

"Também isso é verdade."

2 "Mas talvez penses que possas entregar ao Estado, quando te aposentares, a cavalaria em melhores condições e possas fazer algo em benefício do Estado como comandante da cavalaria caso surja algum ensejo para empregar essa unidade do exército?"

"Sim, naturalmente," ele confirmou.

"Sim," disse Sócrates, "e não há dúvida de que será algo bom se puderes fazer isso. Presumo que o comando para o qual foste escolhido é o dos cavalos e cavaleiros."

"De fato é."

3 "Então nos informa, para começar, como pretendes melhorar os cavalos."

"Mas não penso que essa seja minha função. Todo homem deve cuidar de seu próprio cavalo."

4 "Então se alguns de seus homens se apresentarem para o serviço com seus cavalos sem condições, padecendo de patas trôpegas ou pernas inflamadas, outros com animais subnutridos incapazes de andadura, outros com animais indóceis que não se manterão em linha, outros com bestas escoiceadoras absolutamente impossíveis de serem colocadas em linha, o que poderás fazer com tua cavalaria? Como poderás prestar qualquer serviço ao Estado com um comando como esse?"

"Fico muito grato a ti," ele declarou, "decerto procurarei dar o devido cuidado aos cavalos."

5 "Procurarás também aprimorar os homens?" indagou Sócrates.

"Procurarei."

"Neste caso, começarás por exercitá-los para que montem melhor?"

"Certamente, pois se alguém for derrubado, poderá ter melhor chance de se salvar."

6 "Ademais, quando tiverdes algum perigo diante de vós, ordenarás aos teus cavaleiros que atraiam o inimigo para o terreno instável onde efetuais vossas manobras, ou tentarás realizar vosso treinamento no tipo de região ocupado pelo inimigo?"

"Parece-me ser esta última a melhor alternativa."

7 "Por outro lado, terás o cuidado especial de matar ou ferir o máximo possível de inimigos sem desmontar?"

"Ah, sim. Esta também é uma opção melhor."

"Pensaste em promover um ardoroso ímpeto entre os homens e o ódio pelo inimigo, de forma a torná-los mais belicosos em ação?"

"Bem, de qualquer modo é o que tentarei fazer agora."

8 "E já consideraste como farás os homens te obedecerem? Afinal, sem isso, cavalos e homens, embora bons e corajosos, de nada servem."

"É verdade, mas qual é a melhor maneira, Sócrates, de induzi-los a obedecer?"

9 "Suponho que saibas que sob quaisquer condições os seres humanos se predispõem melhor a obedecer àqueles que creem ser os melhores. Assim, quando doentes, obedecem mais prontamente ao médico, a bordo de um navio ao piloto, em uma fazenda ao fazendeiro, ou seja, a quem julgam ser os mais habilitados em sua atividade."

"Decerto que é assim."

"Então é provável que também em matéria de equitação, aquele que claramente melhor conhece o que deve ser feito, com maior facilidade granjeará a obediência dos outros."

10 "Se é assim, Sócrates, sendo eu evidentemente o melhor cavaleiro entre eles, bastará isso para ganhar sua obediência?"

"Sim, desde que também lhes mostres que será mais seguro e mais honroso para eles obedecer-te."

"E como mostrarei isso?"

"Bem, será muito mais fácil do que se tivesses que lhes mostrar que o mal é melhor do que o bem e mais proveitoso."

11 "Queres dizer que além de suas outras obrigações, um comandante de cavalaria deve cuidar também para ser um bom orador?"

"Supões que um comandante de cavalaria deva ser mudo? Nunca ponderaste que o melhor do que aprendemos de acordo com o costume – refiro-me ao aprendizado que nos ensina a viver – o aprendemos por meio de palavras, e que todas as boas lições a serem aprendidas o são por meio de palavras; que os melhores mestres fiam-se, acima de tudo, na palavra falada e que aqueles que têm o mais profundo conhecimento dos assuntos mais importantes são os mais hábeis nos diálogos? Nunca pen-

12 saste que toda vez que um grupo de dança com coro é composto a partir da seleção dos cidadãos deste Estado, por exemplo, o grupo que é enviado a Delos, nenhum grupo de outro lugar é capaz de equiparar-se a ele, e nenhum outro Estado é capaz de reunir uma companhia tão boa?"

"É verdade."

13 "E, não obstante isso, a razão é que os atenienses superam todos os outros não tanto na voz bela e vigorosa da dança cantada, ou na compleição física avantajada, ou na força, porém mais especialmente no amor às honras, o qual constitui o mais forte estímulo para a realização de atos que conquistam honras e renome."

"Mais uma vez disseste a verdade."

14 "Se assim é, não achas que se alguém se esforçasse no mesmo sentido, no que respeita a nossa cavalaria, esta também não conseguiria superar em muito as outras quer no manejo das armas e dos cavalos, quer na disciplina e prontidão para enfrentar o inimigo, se seus membros se persuadissem de que conquistariam glória e honras graças a essa postura?"

"Esta seria a minha expectativa."

15 "Então não hesites, mas trata de estimular esse ardor entre os homens. Tu e teus concidadãos serão os contemplados pelos resultados de teus esforços."

"Com toda a certeza eu o tentarei."

4

Em certa ocasião, ao encontrar-se com Nicomáquides, que voltava das eleições, Sócrates perguntou: "Quem foi eleito general, Nicomáquides?".

"Não são assim os atenienses?" o outro respondeu. "Não me escolheram depois de todo o trabalho duro que realizei desde que tenho sido convocado para o comando de subdivisões ou regimentos, apesar de eu ter sido tantas vezes ferido em combate," – e descobrindo-se ele mostrou suas cicatrizes – "preferiram eleger Antístenes, que jamais serviu em um regimento em marcha, tampouco distinguiu-se na cavalaria... Um indivíduo que só entende de ganhar dinheiro."

2 "E não seria isso recomendável," objetou Sócrates, "na hipótese dele provar-se capaz de suprir as necessidades dos soldados?"

"O quê?" replicou Nicomáquides, "Mercadores também são capazes de ganhar dinheiro, o que não os torna aptos a comandar um exército."

3 "Entretanto," disse Sócrates, "Antístenes também ama vitórias, o que é ponto positivo em um general. Toda vez, tu o sabes, que foi líder da dança coral, seu grupo venceu."

"Quanto a isso, não há dúvida," concordou Nicomáquides, "mas não vejo a analogia entre o manejo de uma dança coral e o de um exército."

4 "Mas," continuou Sócrates, "deverias admitir que embora Antístenes nada conheça de treinamento em música e coro, revelou-se capaz de descobrir os melhores especialistas nisso."

"É..." reconheceu Nicomáquides, "Assim, tudo leva a crer que também no exército ele descobrirá outros que comandem para ele, e outros para empreender o combate."

5 "E, portanto," disse Sócrates, "se ele descobre e dá preferência aos melhores guerreiros tal como no treinamento do grupo de dança coral se ampara dos melhores entendidos, é provável que obterá êxito também na área militar. E provavelmente es-

tará mais disposto a gastar seu dinheiro no vencer uma batalha com todo o Estado do que em vencer uma competição de dança coral com seu grupo."

6 "Queres dizer, Sócrates, que o homem que obtém êxito com um grupo de dança com coral também obterá êxito com um exército?"

"O que quero dizer é que, seja lá o que for que esteja sob o controle ou administração de um homem, se ele sabe o que quer e é capaz de obtê-lo, será um bom controlador ou administrador, não importa se o que está sob sua responsabilidade é um grupo de dança com coral, uma comunidade doméstica, um Estado ou um exército."

7 "Por Zeus, Sócrates!" protestou Nicomáquides, "Nunca pensei que chegaria a te ouvir afirmar que um bom homem de negócios seria um bom general."

"Bem, passemos em exame as funções de cada um para podermos concluir se eles são idênticos ou diferentes."

"Façamo-lo cabalmente."

8 "Não é função de ambos tornar seus subordinados bem prestativos e obedientes?"

"Sem sombra de dúvida."

"E colocar o homem certo no posto certo?"

"É verdade."

"Suponho, ademais, que ambos devam punir os maus e recompensar os bons."

"Certamente."

9 "E é claro que ambos agirão bem em procurar granjear a boa vontade de seus subordinados?"

"Está certo."

"Pensas que ambos estariam interessados em atrair aliados e colaboradores?"

"Com certeza."

"E não deveriam ambos ser capazes de conservar o que conquistaram?"

"Decerto que deveriam."

"E não deveriam ambos ser diligentes e ativos no seu próprio trabalho?"

10 "Concordo que tudo isso é comum a ambos, porém o combate não é."

"Mas com certeza ambos estão fadados a topar com inimigos?"

"Ah, sim. Certamente estão."

"Então não é importante para ambos tirar o maior proveito deles?"

11 "Indubitavelmente. Mas ainda não disseste como a capacidade para os negócios contribuirá quando se tratar de combater."

"Ora, é precisamente onde ela se revelará mais útil. Pois o bom homem de negócios, por meio de seu conhecimento de que não há maior lucro ou maior pagamento do que a vitória em campo de batalha, e de que nada é mais inteiramente não lucrativo e resulta em maior prejuízo do que uma derrota, mostrará-se sumamente interessado em buscar e prover todos os instrumentos que contribuirão para a vitória, cioso quanto a examinar e evitar tudo que possa concorrer para a derrota, e pronto para enfrentar o inimigo se perceber que está suficientemente forte para vencê-lo e, sobretudo, esquivará-se de um confronto quando 12 não estiver pronto. Não subestima os homens de negócios, Nicomáquides. Na verdade, a administração de negócios privados difere somente do ponto de vista numérico daquela dos negócios públicos. Em outros aspectos, são muito semelhantes, e particularmente no fato de que nem uma nem outra pode ser executada sem homens, e os homens empregados nas transações privadas e públicas são os mesmos. As pessoas incumbidas de cargos públicos empregam os mesmos homens ao cuidarem de seus próprios negócios pessoais. E aqueles que sabem como empregá-los são administradores bem-sucedidos de assuntos públicos e privados, ao passo que aqueles que não sabem fracassam em ambos.

5

Em uma determinada ocasião, quando conversava com o filho do grande Péricles, ele disse: "Quanto a mim, Péricles, sinto-me esperançoso que agora que te tornaste general, nosso Estado se tornará mais eficiente e mais renomado na arte bélica, trazendo-nos a vitória sobre nossos inimigos."

"Desejaria," comentou Péricles, "que pudesse ser como dizes, Sócrates. Mas não consigo ver como essas mudanças ocorrerão."

"Apreciarias discuti-las então comigo...," propôs Sócrates, "e examinarmos como podem ser levadas a cabo?"

"Apreciaria."

2 "Sabes que quanto ao número, os atenienses não são inferiores aos beócios?"

"Sei."

"Achas que o maior número de bons homens bem desenvolvidos poderia ser conseguido a partir de uma seleção dos beócios ou dos atenienses?"

"Também nesse aspecto eles parecem não estar em desvantagem."

"Quais deles consideras mais unidos?"

"Eu diria que os atenienses, pois muitos beócios se ressentem do comportamento egoísta dos tebanos. Em Atenas, não percebo nada disso."

3 "Deveríamos acrescentar que os atenienses ambicionam mais as honras e têm sentimentos mais nobres do que outros povos. Ora, essas qualidades constituem os mais fortes incentivos para o heroísmo e o autossacrifício pela pátria."

"Sim. Também nesses aspectos os atenienses não precisam recear quaisquer críticas."

"E, além disso, nenhum [outro povo] conta com uma história mais repleta de grandes feitos; e muitos se sentem animados por esse legado de proezas e encorajados a zelar pela virtude e demonstrar o seu denodo."

4 "Tudo o que disseste é verdadeiro, Sócrates. Entretanto, hás de convir, desde os desastres sofridos por Tolmides e os mil em Lebadeia,[66] e por Hipócrates em Délio,[67] as relações entre atenienses e beócios mudaram: a reputação dos atenienses ficou em baixa, o orgulho dos tebanos é enaltecido; e agora os beócios, que antes não se arriscariam, sequer em seu próprio país, a enfrentar os atenienses sem a ajuda dos lacedemônios e do resto do Peloponeso, ameaçam invadir sozinhos a Ática, e os atenienses, que antes dominavam a Beócia, temem que os beócios possam saquear a Ática."

5 "Sim, estou ciente disso," admitiu Sócrates, "mas a disposição de nosso Estado está agora mais compatível com o gosto de um bom governante. De fato, a confiança, na prática, gera desleixo, frouxidão, desobediência; o medo torna os homens mais atentos, mais obedientes, mais inclinados à disciplina.

6 Isso pode ser ilustrado pelo exemplo do comportamento dos marujos. Enquanto nada têm a temer, seu comportamento é o de uma súcia indisciplinada; contudo, quando a expectativa é de uma tormenta ou de um ataque, não só executam tudo que é ordenado, como permanecem em silêncio e atentos às ordens como membros do coro."

7 "Bem!..." exclamou Péricles, "Supondo que estão agora dispostos a obedecer, parece que é hora de dizer como podemos neles reviver um anseio pela antiga virtude, reputação e felicidade."

8 "Se quiséssemos então..." emendou Sócrates, "que reivindicassem o dinheiro tomado por outros, o melhor meio de instigá-los a dele se apoderar seria mostrar-lhes que era o dinheiro de seus pais e que lhes pertence. Como queremos que eles se empenhem por preeminência em matéria de virtude, temos que mos-

---

66. Em 446 a.C., na batalha de Lebadeia, mais conhecida por batalha de Queroneia, o exército ateniense foi não só derrotado como destruído pelos beócios, que conquistaram sua independência.

67. Outra fulminante derrota sofrida pelos atenienses frente aos beócios, ocorrida em 424 a.C.

trar que esse dinheiro pertencia a eles no passado, e que lutando por ele superarão todos os outros homens."

9 "Como, então, poderíamos ensinar isso?"

"Creio que lhes lembrando que os seus ancestrais mais remotos de que temos notícia, eram, como a eles próprios foi dito, os mais valentes."

10 "Estás fazendo referência ao julgamento dos deuses proferido por Cecrops em sua corte por causa de sua virtude?"

"Sim, e sobre o nascimento e cuidado de Erecteu, e a guerra travada em sua época contra toda a região adjacente; some-se a guerra entre os filhos de Héracles e os peloponesianos, além de todas as guerras travadas na época de Teseu, em todas as quais fica evidente que eram paladinos entre os homens de seu 11 tempo.[68] Poderias acrescentar as vitórias de seus descendentes, que viveram não tão longe de nosso próprio tempo, algumas por eles obtidas sem aliados em sua luta contra os senhores de toda a Ásia e da Europa, até a Macedônia, os donos do maior poder e riqueza que o mundo já vira, que realizaram feitos sem precedentes; em outras dessas vitórias, eles se sagraram co--campeões com os peloponesianos na terra e no mar. Relata-se que esses homens, como seus ascendentes, foram sumamente superiores a todos os outros homens de seu tempo."

"Sim, esse é o relato feito sobre eles."

12 "Portanto, embora tenham ocorrido muitas migrações na Grécia, esses indivíduos continuaram habitando em sua própria terra. Muitos levaram a eles suas pretensões de rivais, muitos neles encontraram um refúgio da brutalidade do opressor."

13 "Sim, Sócrates!" bradou Péricles, "E fico imaginando como nossa cidade-Estado pôde tornar-se tão degenerada."

"A minha própria opinião a respeito," observou Sócrates, "é que em decorrência de sua grande superioridade, os atenienses tornaram-se descuidados consigo mesmos, o que os levou à de-

---

68. Sócrates se refere aqui a vários episódios mitológicos ligados ao passado guerreiro remoto e glorioso da Ática, povoado principalmente por heróis (como Héracles e Teseu) e deuses.

generação, como atletas que ocupam sozinhos uma categoria e vencem facilmente o campeonato tendem a se tornar desleixados, a ponto de caírem abaixo da marca de seus rivais."

14 "E como reconquistarem agora sua antiga virtude?"

"Penso não haver qualquer mistério sobre isso." disse Sócrates. "Uma vez descobrindo os costumes de seus ancestrais e os adotando, praticando-os tão bem como eles os praticaram, tornar-se-ão tão bons como eles foram; caso não os descubram, basta que imitem os que hoje detêm a preeminência e adotem seus costumes; se forem igualmente ciosos na observância dos mesmos, serão tão bons quanto aqueles que imitam – se mais ciosos, serão ainda melhores."

15 "Isso significa que resta uma longa marcha para nossa cidade alcançar a perfeição. Pois quando os atenienses reverenciarão os anciãos como o fazem os lacedemônios, já que estão habituados a desprezar todos os seus idosos, a começar por seus próprios pais? Quando adotarão o sistema lacedemônio de treinamento, a considerar que como se não bastasse descuidarem da própria ginástica para obter boa compleição física, ainda zombam
16 dos que se prestam a fazê-lo? Quando atingirão um padrão de obediência aos seus governantes, a julgar pelo fato de fazerem do menoscabo dos governantes um ponto de honra? Ou quando atingirão a harmonia, já que em lugar de trabalharem juntos para o bem geral, são mais invejosos e malevolentes entre si do que com o resto do mundo? E são os mais propensos a rixas nas assembleias públicas e privadas; com suma frequência levam uns aos outros ao tribunal e preferem lucrar uns dos outros mediante esse procedimento do que por meio da mútua prestação de serviços. E embora considerem os assuntos públicos como estranhos a eles, polemizam também acerca deles, encontrando seu principal prazer em estar de pos-
17 se dos meios para prosseguir com essa polêmica. O resultado é uma profusão de danos e males se desenvolverem na cidade, a hostilidade e o ódio brotarem entre as pessoas, o que me faz

constantemente temer que algum mal insustentável possa vir a se abater sobre o Estado."

18 "Não, não, Péricles...," protestou Sócrates, "não considera a maldade dos atenienses tão absolutamente irremediável! Não vês quanta disciplina demonstram em suas frotas, quão bem obedecem aos juízes nas competições de atletismo, com que prontidão acatam as ordens dos instrutores da dança coral?"

19 "Admito, mas é realmente estranho que esses homens submetam-se aos seus senhores e, no entanto, a infantaria e a cavalaria, que se supõem representarem o ponto alto dos cidadãos no que toca ao bom caráter, são as mais insubordinadas."

20 E Sócrates lhe indagou: "Mas e quanto ao tribunal do Areópago, Péricles? Seus membros não são pessoas que têm merecido a aprovação?"

"Certamente."

"Conheces, porventura, alguém que decide os casos que lhes são apresentados e que execute todas as suas demais funções mais honrosamente, mais em conformidade com a lei, com maior dignidade e justiça?"

"Não estou criticando o Areópago."

"Então não deves desesperar com a disciplina dos atenienses."

21 "Mas considera, Sócrates, que no *exército*, onde a boa conduta, a disciplina e a subordinação são absolutamente indispensáveis, nossa gente não dá atenção a isso."

"Talvez isso tenha a ver com a incompetência dos oficiais. Já deves ter notado que nenhum indivíduo incompetente tenta exercer autoridade sobre nossos harpistas, membros do coro e dançarinos, nem sobre lutadores ou lutadores que também são boxeadores. Todos que têm autoridade sobre eles podem declarar onde aprenderam seu ofício. Entretanto, a maioria de

22 nossos generais são despreparados que improvisam. Contudo, não suponho que sejas um deles. Acho que és capaz de dizer quando começaste a aprender a arte do comando militar, bem como quando começaste a praticar a luta. Acredito que mui-

tos desses princípios herdaste de teu pai, e muitos outros extraíste de toda fonte da qual pudesses aprender qualquer coisa
23 útil a um general. Acho, também, que te preocupas muito em não experimentar inconscientemente a falta de qualquer conhecimento útil a um general; e se julgas não saber, procuras os que têm conhecimento, e não poupas nem presentes nem agradecimentos, para que possas aprender deles o que não sabes e possas contar com o auxílio de boa instrução."

24 "Percebo, Sócrates, que ao dizer isso não pensas realmente que estudo essas coisas, mas estás tentando mostrar-me que aquele que vai comandar um exército tem que estudar todas elas. E, certamente, reconheço que estás com a razão."

25 "Observaste, Péricles, que nossa fronteira é protegida por montanhas que se estendem até a Beócia, através de cujos desfiladeiros escarpados e estreitos se tem acesso à nossa terra, e que o interior desta é atravessado por montanhas acidentadas?"

"Certamente."

26 "Além disso, ouviste dizer que os mísios e os pisidianos, ocupando uma região muito acidentada do território do Grande Rei e munidos apenas de armas leves, conseguem assolar e causar danos ao território do Rei, ao mesmo tempo que preservam sua própria liberdade?"

"Sim, já ouvi falar a respeito."

27 "E não achas que diligentes e jovens atenienses, com armas ainda mais leves e ocupando as montanhas que protegem nosso país, poderiam se revelar um incômodo do lado do inimigo e um vigoroso bastião de defesa para o nosso povo?"

"Sócrates," respondeu Péricles, "acho que também todas essas sugestões apresentam um valor prático."

28 "Então, visto que as aprecias, adota-as, meu bom amigo. Qualquer uma delas que venhas a implantar, trará honra para ti e benefício para o Estado. E na hipótese de alguma falha parcial ser cometida por ti, nem prejudicarás o Estado nem atrairás a desonra para ti."

6

O FILHO DE ARÍSTON, GLÁUCON, estava tentando tornar-se orador e lutando para ser governante do Estado, embora tivesse ainda menos de vinte anos de idade. Nenhum de seus amigos ou parentes conseguia dissuadi-lo da ideia, ainda que visse a si mesmo arrastado do palanque e fizesse de si um motivo de riso. Somente Sócrates, que se interessava por ele em consideração a Platão e a Cármides, filho de Gláucon[69], conseguiu dissuadi-lo.

2 Em uma ocasião em que o encontrou, deteve-o e conseguiu atrair sua atenção com as seguintes palavras: "Gláucon, decidiste ser o nosso primeiro homem no Estado?"

"Decidi, Sócrates."

"Bem, estou certo de que não há ambição mais honrosa no mundo; com efeito, é evidente que se atingires teu objetivo, te capacitarás a obter qualquer coisa que queiras, e terás os meios para ajudar teus amigos: enaltecerás a casa de teu pai e exaltarás tua pátria. Construirás tua fama primeiramente nacional, depois por toda a Grécia e, possivelmente, como Temístocles, também nos países estrangeiros. Em todo lugar que fores, serás recebido como um homem de notoriedade."

3 Ao ouvir essas palavras, Gláucon sentiu-se orgulhoso e, com satisfação, demorou-se mais com Sócrates, o qual lhe perguntou na sequência:

"Bem, Gláucon, como aspiras granjear honras, não parece óbvio que deves beneficiar teu Estado?"

"Com toda a certeza."

"Então, não sejas reticente. Conta-nos como pretendes começar a prestar teus serviços ao Estado."

4 Como Gláucon permaneceu mudo, aparentemente ponderando pela primeira vez como começar [seu governo], Sócrates disse:

---

69. Ou seja, o *velho* Gláucon, avô do *jovem* Gláucon. Cármides era tio do jovem Gláucon e de Platão, que eram irmãos.

"Se quisesses aumentar os bens de um amigo, terias que tomar medidas para torná-lo rico. Assim, imagino que tentarias tornar teu Estado mais rico. Seria isso?"

"Certamente."

5 "Não seria mais rico se contasse com uma renda maior?"

"Sim... presumivelmente."

"Então, diz-me, quais são as atuais fontes de renda do Estado e no que totalizam? Decerto deves ter examinado essa questão, para aumentar o montante das que são deficientes e suprir as que experimentam carência."

"Por Zeus, decerto que não," exclamou Gláucon, "Não examinei isso."

6 "Bem... se não te detiveste nisso, talvez possas nos informar a respeito de quais são os gastos do Estado. Certamente tencionas cortar todos os custos excessivos."

"O fato é que até este momento não tive também tempo para me deter nisso."

"Oh, então pretendes adiar a ação que consiste em tornar o Estado mais rico, pois como é possível cuidar da renda e dos gastos sem saber quais são?"

7 "Bem, Sócrates, podemos fazer nossos inimigos contribuírem para o nosso erário."

"Sim, sem dúvida, desde que sejamos mais fortes do que eles; se formos mais fracos, corremos o risco de perder o que o Estado possui."

"É verdade."

8 "Portanto, a fim de aconselhar o Estado quanto a que inimigo combater, será necessário conhecer a força de nosso Estado e a do inimigo em questão, de maneira que se nosso Estado for mais forte, poderemos recomendar que decrete a guerra e a trave; mas se for mais fraco do que o inimigo, poderemos persuadi--lo a não levar a cabo essa empresa e acautelar-se."

"Estás certo."

9 "Então, começa por dizer-nos qual a força naval e militar de nosso Estado, e em seguida a de seus inimigos."

"Não... realmente não tenho condições de vos passar esses dados de cabeça."

"Bem, se fizeste anotações, gostaria que as apanhasse. De fato, apreciaria imensamente ouvir quais são esses dados."

"Mas... devo dizer-te também que não disponho ainda de quaisquer anotações a respeito."

10 "Então teremos, de momento, também que adiar o aconselhamento relativo à guerra. És novo em questões de poder, e talvez não tenhas tido tempo de examinar tais grandes problemas. Mas quanto à defesa do território, estou certo de que refletiste a respeito, e saibas quantas guarnições estão devidamente situadas e quantas não estão, quantos guardiões são eficientes e quantos não são. E acredito que proporás reforçar as guarnições bem situadas e suprimir as supérfluas."

11 "Não... por Zeus! Proporei suprimir a todas, já que o único efeito de mantê-las é o furto de nossas colheitas."

"Mas se suprimires as guarnições, não achas que qualquer um se sentirá à vontade para nos roubar abertamente? De qualquer modo, fizeste uma viagem de inspeção... Ou como concluíste que são mal mantidas?"

"Bem... concluí por conjetura."

"Então esperaremos para proporcionar aconselhamento também acerca dessa matéria quando realmente tivermos conhecimento e não, meramente concluir por conjecturas?"

"Talvez fosse melhor."

12 "E no tocante às minas de prata? Estou certo de que não as visitaste e, consequentemente, não podes informar por que a quantidade de prata extraída delas caiu."

"Realmente não... Não estive nelas."

"É... Aquele distrito é considerado insalubre, de forma que quando tiveres que aconselhar sobre o problema, essa desculpa servirá."

"Estás troçando de mim."

13 "Ah, mas há um problema que estou certo que não deixaste de examinar. Certamente calculaste por quanto tempo os cereais cultivados no território sustentarão a população, e qual a quantidade necessária anualmente, para que não possas ser pegado desprevenido se ocorrer, eventualmente, na cidade uma escassez e, possas, ao contrário vir em socorro da cidade e proporcionar-lhe o devido alívio ministrando competente aconselhamento sobre alimentação."

"Seria uma tarefa avassaladora se tivéssemos que incluir todas essas coisas nos próprios deveres!"

14 "Mas, tu o sabes, ninguém jamais administrará com sucesso sequer sua própria casa a menos que conheça todas suas necessidades e providencie para que sejam todas atendidas. Considerando que nossa cidade contém mais de dez mil casas, e é difícil cuidar de tantas famílias ao mesmo tempo, devias ter tentado começar fazendo algo por uma delas, quero dizer, a do teu tio[70]. Ela o necessita, e se tiveres êxito com essa, poderás dispor-te a trabalhar com um número maior de casas. Mas se nada podes fazer por uma única, como terás sucesso com muitas? Se um homem não é capaz de portar um talento, é absurdo que tente portar mais de um, não é?"

15 "Bem," disse Gláucon, "eu poderia fazer algo pela casa de meu tio somente se ele me ouvisse."

"O quê?" replicou Sócrates, "Não consegues persuadir teu tio e supões que conseguirás persuadir todos os atenienses,
16 incluindo teu tio, a ouvir-te? Toma muito cuidado, Gláucon, para que tua temerária ambição não te conduza a um desastre! Não percebes quão perigoso é dizer ou fazer o que não entendes? Pensa em outras pessoas que sabes serem o tipo de gente que diz e faz o que claramente não compreende. O que achas que conseguem com isso? Louvor ou censura? E pensa
17 nos que entendem o que dizem e fazem. Descobrirás, tenho certeza, que os indivíduos que gozam de excelente reputação e

---

70. Ou seja, *Cármides*.

são sempre objeto de admiração pertencem ao grupo dos que possuem o mais amplo conhecimento, e aqueles que têm má reputação e são objeto de desprezo pertencem ao grupo dos mais ignorantes. Por conseguinte, se teu desejo é conquistar prestígio e admiração na vida pública, procura obter um conhecimento cabal do que te propões fazer. Se ingressares na carreira pública com essa vantagem sobre outros, não me surpreenderia se atingisses com grande facilidade o objetivo de tua ambição."

7

Constatando que Cármides, o filho de Gláucon[71], era um homem respeitável e sumamente mais capaz do que os políticos da época e que, todavia, evitava falar na Assembleia e participar da política, Sócrates dirigiu-se a ele nos seguintes termos: "Cármides, o que pensarias de um homem que sendo capaz de sagrar-se vitorioso nos grandes jogos e, em decorrência disso, também sendo capaz de granjear honras para si e aumentar a glória de sua pátria entre os gregos, se negasse a competir?".

"Pensaria, sem dúvida, que se trata de um frouxo e covarde."

"Então, se um homem se esquivasse dos negócios do Estado, sendo ele capaz de ocupar cargos públicos para o proveito do Estado e a conquista de honras para si, não seria razoável tê-lo na conta de um covarde?"

"Talvez... Mas por que me perguntas isso?"

"Porque suponho que te furtas de um trabalho de que és capaz... Trabalho para o qual tens, como cidadão, o dever de contribuir."

"O que te faz pensar assim? Em qual tipo de atividade descobriste minha capacidade?"

"Na sua relação com homens públicos. Toda vez que se aconselham contigo, julgo que dás ótimos conselhos, e toda vez que cometem erros, tuas críticas são acertadas."

---

71. Ou seja, do velho Gláucon.

4 "Uma conversa privada é algo muito diferente de um debate público, Sócrates."

"Mas sabes que um homem que é bom com números conta tão bem em meio a uma multidão quanto na solidão. E os melhores harpistas que tocam privadamente destacam-se com a mesma excelência em público."

5 "Mas certamente compreendes que o acanhamento e a timidez são naturais em um homem e o afetam muito mais intensamente em público, diante da multidão, do que na restrita sociedade privada?"

"Sim, e pretendo oferecer-te uma lição. Os mais sábios não produzem teu acanhamento, e os mais fortes não te tornam tímido. E, no entanto, tu te envergonhas de dirigir-te a um auditório de obtusos e fracalhões. E quem são os que te deixam envergonhado? Pisoeiros ou sapateiros, carpinteiros ou ferreiros, agricultores ou mercadores, ou comerciantes do mercado cujo único pensamento é comprar barato e vender caro. Afinal, estas

6

7 são as pessoas que compõem a Assembleia. Teu comportamento é o de um homem capaz de derrotar atletas treinados que tem medo de amadores! Sente-te seguro e à vontade conversando com os primeiros homens do Estado, alguns dos quais te desprezam, e superas em muito como orador o elenco ordinário de políticos. E, no entanto, te sentes intimidado ao dirigir-te a homens que nunca dedicaram um só pensamento aos negócios públicos e não aprenderam a desprezar-te – tudo porque receias o ridículo!"

8 "Bem, não achas que a Assembleia faz troça com frequência diante de bons argumentos?"

"Sim, e não só ela como também os outros. E é por isso que me surpreendo que tu, que julgas fácil controlá-los quando eles assim agem, penses que te mostrarás completamente incapaz de

9 lidar com a Assembleia. Meu bom homem, não aja na ignorância de ti mesmo, não incorras no erro comum. De fato, são muitos os que se apressam em intrometer-se nos assuntos alheios, a ponto de nunca se deterem para um autoexame. Portanto, não

te negues a encarar esse dever. Empenha-te com maior seriedade na atenção que deves dar a ti próprio e não te omitas quanto aos assuntos públicos, quando tens a capacidade de melhorá-los. Se estes forem bem, não só o povo como também teus amigos e tu serão beneficiados, no mínimo tanto quanto o povo."

8

Quando Aristipo tentou interrogar Sócrates da mesma maneira que fora interrogado por ele durante seu encontro anterior, Sócrates, visando a beneficiar seus companheiros, respondeu como um homem determinado a agir corretamente e não como um debatedor que se protege contra qualquer distorção do argumento.

2 Aristipo indagou se ele conhecia algum bem no intuito de, se Sócrates mencionasse algum bem – o alimento, a bebida, o dinheiro, a saúde, o vigor ou a audácia – ele poderia demonstrar que é, às vezes, um mal. Mas Sócrates, ciente de que quando algo causa-nos perturbação, o que necessitamos é algo que dissipe a perturbação, ofereceu a melhor resposta.

3 "Estás me perguntando se conheço algo bom para a febre?"
"Não, não isso."
"Para a oftalmia?"
"Não... Também não isso."
"Para a fome?"
"Não... Tampouco para a fome."
"Bem, se estás me perguntando se conheço alguma coisa boa, algum bem que não tem relação com nada, não só não conheço como tampouco não quero conhecer."

4 Voltando à carga, Aristipo perguntou-lhe se ele conhecia alguma coisa bela, ao que ele respondeu afirmativamente: "Sim, muitas coisas."
"Todas iguais entre si."

"Pelo contrário, algumas são tão desiguais quanto o podem ser."

"E como pode ser belo aquilo que não é igual ao belo?"

"A razão, evidentemente, é que um belo lutador não é igual a um belo corredor, um escudo que é belo para a defesa é inteiramente diferente de uma lança que é bela para um rápido e vigoroso arremesso."

5 "Esta [, no fundo,] é a mesma resposta que deste a minha pergunta quanto a se conhecias algum bem."

"Pensas que o bom é uma coisa e o belo outra, não é mesmo? Não sabes que todas as coisas são tanto belas quanto boas relativamente às mesmas coisas? Para começar, a virtude não é algo bom relativamente a certas coisas, e um algo belo relativamente a outras. Os seres humanos, também, são classificados como 'belos e bons' no mesmo aspecto e relativamente às mesmas coisas; é relativamente às mesmas coisas que os corpos humanos parecem belos e bons e que todas as coisas empregadas pelos seres humanos são consideradas belas e boas, ou seja, em relação àquelas coisas para as quais são úteis."

6 "Então um cesto de excremento é belo?"

"Por Zeus, sim!" Sócrates respondeu [prontamente], "E um escudo de ouro é feio se o primeiro for bem confeccionado para sua função específica e o segundo for mal confeccionado para cumprir sua função."

"Estás sugerindo que as mesmas coisas são tanto belas quanto feias?"

7 "Sem dúvida, o mesmo ocorrendo com o bom e o mau. De fato, o que é bom para a fome é amiúde mau para a febre, e o que é bom para a febre revela-se mau para a fome; o que é belo na corrida frequentemente é feio na luta, e o que é belo nesta é feio na corrida. Todas as coisas são boas e belas relativamente aos propósitos aos quais estão devidamente ajustadas, más e feias relativamente aos propósitos aos quais são mal-ajustadas."

8 Também o seu discurso sobre as casas, no sentido de que a mesma casa é tanto bela quanto útil, vinculou-se à lição da

arte de construir casas como devem estas ser. Ele abordou a questão da seguinte maneira:

"Quando alguém pretende ter o tipo acertado de casa, deveria planejar sua construção tendo em vista torná-la tão agradável de se viver e tão útil quanto possível?"

9 Diante de uma resposta afirmativa, ele prosseguiu:

"Seria agradável tê-la fresca no verão e quente no inverno?"

Diante de mais uma resposta afirmativa, ele retomou seu discurso:

"Ora, no caso de casas que dão para o sul, os raios solares atingem e penetram os pórticos durante o inverno; no verão, contudo, a trajetória do sol faz com que seus raios fiquem bem acima de nossas cabeças e sobre o telhado, criando uma sombra. Na hipótese, então, se ser essa a melhor disposição, deveríamos construir o lado que dá para o sul mais alto para contar com

10 o sol do inverno e o lado que dá para o norte mais baixo para manter fora da casa os ventos frios. Em síntese, a casa que constitui para o proprietário um agradável abrigo em todas as estações e na qual ele pode guardar seus pertences com segurança é, presumivelmente, ao mesmo tempo a mais agradável e a mais bela. Quanto a pinturas e decorações, mais subtraem prazeres de um proprietário em uma casa do que proporcionam."

No que toca a templos e altares, a posição mais adequada, segundo Sócrates, seria um lugar bastante visível, porém ermo, sem a movimentação frequente das pessoas, porque é agradável fazer uma oração a contemplá-los e também agradável deles nos aproximarmos com ideias puras e santas.

9

Quando mais uma vez indagado quanto a se a coragem podia ser ensinada ou se era de origem natural, Sócrates respondeu: "Penso que tal como o corpo de um indivíduo é naturalmente mais vigoroso do que o de um outro para o trabalho, a alma de um indivíduo é naturalmente mais corajosa do que a de um outro em uma situação de perigo. Esta é minha conclusão porque noto que indivíduos educados sob as mesmas leis e costumes diferem enormemente no que toca à intrepidez. Apesar

2 disso, penso que a natureza de todo indivíduo pode adquirir mais coragem por meio do aprendizado e da prática. É óbvio que cítios e trácios não ousariam empunhar escudos de bronze e dardos para enfrentarem lacedemônios; também é evidente que lacedemônios não se predisporiam a encarar trácios com pequenos e leves escudos de couro e lanças, nem armados com arcos

3 enfrentarem os cítios. E, analogamente, em todos os outros aspectos, sou da opinião de que os seres humanos são naturalmente diferentes entre si. Mas por meio da prática aprimoram-se grandemente. Portanto, fica claro que todos os indivíduos, independentemente de seus dons naturais, quer os habilidosos quer os broncos, devem aprender e praticar aquilo cuja competência desejam adquirir.".

4 Sócrates não fazia [especificamente] uma distinção entre sabedoria e prudência.[72] Entretanto, se alguém conhecesse e praticasse o que é nobre e bom, conhecesse e evitasse o que é vil, ele o julgaria como tanto sábio quanto prudente. Além disso, quando indagado se julgava que os que sabem o que devem fazer e, a despeito disso, fazem o oposto são, ao mesmo tempo, sábios e viciosos, ele respondeu:

"Não, não é bem assim. São tão loucos quanto viciosos. Penso que todos podem escolher entre vários procedimentos, e que escolhem e seguem aquele que consideram mais favorável aos seus interesses. Minha conclusão é que os que trilham o caminho errado não são nem sábios nem prudentes."

5 Dizia que a justiça e qualquer outra forma de virtude é sabedoria. "De fato, ações justas e todas as formas de ação virtuosa são nobres e boas. Quem conhece o nobre e o bom jamais escolherá qualquer outra coisa, enquanto aqueles que não os conhe-

---

72. ...σοφίαν δὲ καὶ σωφροσύνην... (*sophían dè kaì sōphrosýnēn*).

cem não são capazes de praticar o que é nobre e bom, e mesmo que o tentem, falharão. Assim, os sábios fazem aquilo que é nobre e bom, ao passo que os que carecem de sabedoria não podem fazê-lo, e estão fadados ao fracasso se tentarem. Consequentemente, como ações justas e todas as demais formas de ações nobres e boas são ações virtuosas, fica evidente que a justiça e toda outra forma de virtude é sabedoria."

6 Segundo Sócrates, a loucura é o oposto da sabedoria. Entretanto, ele não identificava a ignorância com a loucura. Porém, quanto ao *não conhecer a si mesmo* e o *supor e pensar que se sabe o que não se sabe*, segundo ele, eram vizinhos da loucura. "A maioria dos homens, contudo," ele declarava, "não classifica como loucos os que erram em matérias que estão em um âmbito distinto daquele do conhecimento das pessoas ordinárias;
7 *loucura* é o nome por eles dado aos erros em assuntos da esfera do conhecimento comum. Por exemplo, se um indivíduo se imagina tão alto a ponto de ter de inclinar-se ao atravessar as passagens de uma muralha, ou tão forte a ponto de tentar erguer casas ou executar qualquer outro feito que todos sabem que é impossível, dizem que ele é louco. Não pensam que um lapso, um ligeiro erro, implica em loucura, mas tal como chamam um desejo intenso de amor, chamam uma grande perturbação mental de loucura."

8 Examinando a natureza da malevolência (inveja), Sócrates considerou-a como uma espécie de dor, não, contudo, um sofrimento diante da desventura de um amigo, nem diante da ventura de um inimigo. A rigor, os invejosos ou malevolentes são somente aqueles que se contristam com os êxitos de seus amigos. Houve quem estranhasse o fato de que alguém que tem amizade por outra pessoa pudesse entristecer-se ou sentir-se incomodado com seu sucesso. Mas Sócrates lembrou-lhe que muitos indivíduos mantêm esta relação com os outros: que embora sejam incapazes de desconsiderá-los quando estes se veem em dificuldades, amparando-os em sua adversidade, experimentam um pesar ao vê-los trilhando o caminho da prosperidade. Seria, contudo,

inadmissível que isso sucedesse a um homem sensato, constituindo sempre o caso dos insensatos.

9   Quanto à natureza do lazer, declarou que concluíra que quase todos os indivíduos fazem algo. Mesmo aqueles que jogam damas e os bufões fazem algo. Mas todos esses estão no lazer porque poderiam agir e fazer algo melhor. Entretanto, ninguém dispõe de lazer para transitar de uma ocupação melhor para uma pior. Se alguém o faz, *age erroneamente, carecendo de lazer.*[73]

10   Reis e governantes – dizia Sócrates – não são os que portam o cetro, nem os escolhidos pela multidão, nem os indicados pelo sorteio, tampouco os que devem seu poder à força ou à fraude, mas os que sabem governar. Pois uma vez concedido 11 que a função do governante é dar ordens, e a dos governados obedecerem, ele prosseguiu a fim de mostrar que a bordo de um navio aquele que sabe comanda, e o armador, bem como os outros a bordo, obedecem àquele que sabe. Na agricultura, os proprietários de terras, na doença os pacientes, no treinamento os que treinam – efetivamente todos relacionados a qualquer coisa que requer cuidado – cuidam dela eles próprios se julgam que sabem como fazê-lo; mas se não julgam, obedecem aos que sabem, e não unicamente quando estes estão presentes, pois mandam chamá-los quando se acham ausentes, para que possam obedecê-los e executar o que é correto. No que tange à fiação da lã, Sócrates teria salientado que as mulheres governam os homens porque sabem como fiar a lã, ao passo que os homens o desconhecem.

12   Se alguém objetasse que um tirano poderia esquivar-se a acatar um bom aconselhamento, ele retrucaria: "E como poderia esquivar-se se seria penalizado no caso de desconsideração de um bom conselho? Toda desconsideração do bom aconselhamento está certamente fadada a acarretar erros, e o erro do tirano não se conservará impune.".

---

73. Estobeu, diferentemente de Sauppe, ao omitir κακῶς ἔφη (*kakôs éphē*), proporciona uma considerável variação: *...assim age a despeito da carência de lazer...* .

13   Se alguém afirmasse que um tirano tinha o poder de matar um súdito leal, ele replicaria: "Achas que aquele que extermina o melhor de seus aliados não sofre perda alguma, ou que sua perda é insignificante? Supões que um tal procedimento lhe traz segurança ou, pelo contrário, um rápido aniquilamento?".

14   Quando indagado sobre o que lhe parecia ser a mais importante ocupação do *homem*, ele respondia: "Agir e fazer bem.". Prosseguindo, se lhe perguntavam se considerava o ter sucesso uma ocupação, declarava: "Pelo *contrário, considero que o ter sucesso e o fazer são extremos opostos. Chamo de boa* sorte o atingir alguma coisa correta por força do sucesso ou da sorte e sem esforço ou uma ocupação. E chamo de *agir e fazer bem* fazer alguma coisa bem com base no estudo e na prática. Aqueles

15   que nisso se empenham parecem a mim que *agem e fazem bem*. E os melhores indivíduos e mais caros aos deuses," ele acrescentava, "são os que realizam bem o seu trabalho; se é a agricultura, como bons agricultores; se é a medicina, como bons médicos; se é a política, como bons políticos. Aquele que nada faz bem é inútil em todos os sentidos e não é caro aos deuses".

10

Sócrates revelava-se também prestativo e útil com os artistas que praticavam sua arte profissionalmente, toda vez que dialogava com eles. Assim, em uma ocasião, ao entrar na casa de Parrásio, o pintor, ao conversar com ele, perguntou-lhe: "Parrásio, a pintura é uma representação das coisas que vemos? [Eu o pergunto por que] afinal os pintores, graças às suas cores, representam e reproduzem figuras altas e baixas, sob a luz e na sombra, duras e macias, ásperas e lisas, jovens e velhas.".

"É verdade."

2   "E, além disso, ao reproduzires distintos tipos de beleza, mostra-se tão difícil encontrar um modelo perfeito, que vós,

pintores, sois levados a combinar os mais belos detalhes de vários modelos, de forma a conseguir fazer com que a figura pareça bela no seu todo."

3 "Sim, de fato é [precisamente] o que fazemos."

"Bem, [gostaria de saber se] também reproduzis o caráter da alma, ou seja, aquele que é, no sumo grau, cativante, prazeroso, amistoso, fascinante e amoroso? Ou é impossível imitá-lo?"

"Não, Sócrates, não o reproduzimos. Afinal como se poderia imitar aquilo que não tem forma, nem cor, nem nenhuma das qualidades que mencionaste há pouco e que não é sequer visível?"

4 "[Acreditas que] os seres humanos exprimem comumente os sentimentos de amizade e de hostilidade através de sua aparência?"

"Acredito que sim."

"E não poderia isso ser reproduzido na expressão dos olhos?"

"Sem dúvida."

"Achas que as venturas e desventuras daqueles que são amigos produzem uma expressão idêntica na fisionomia dos homens, quer estes realmente se importem ou não com elas?"

"Não, decerto que não. Sua expressão é radiante diante de suas venturas e sombria diante das desventuras."

"Então concluo que é possível também representar essas expressões?"

"Não há dúvida."

5 "Ademais, a magnificência e a condição de homem livre e nobre, o servilismo e a condição de escravo vil, a prudência e o entendimento, a insolência e a vulgaridade refletem-se no semblante e nos gestos corporais, esteja-se em repouso ou em movimento."

"É verdade."

"Então esses também podem ser reproduzidos, não podem?"

"Não tenho dúvida."

"Bem, qual visão considerarias mais agradável, a de alguém cujos traços e postura refletem um caráter nobre, bom e afável, ou a de alguém que é a encarnação da vileza, da perversidade e do que é odioso?"

"Não há dúvida, Sócrates, que há uma enorme diferença."

6   Em uma outra ocasião ele visitou Clêiton, o escultor e, no curso da palestra, comentou: "Clêiton, atesto com meus olhos e conheço a beleza de tuas estátuas de corredores, lutadores do pancrácio[74], boxeadores e combatentes. Mas como consegues nelas produzir essa ilusão de vida que constitui o seu encanto mais sedutor para quem as contempla?".

7   Diante da expressão enigmática de Clêiton e da demora de sua resposta, ele acrescentou: "Seria pelo fato de representar fielmente a forma dos seres vivos que consegues fazer tuas estátuas parecer como se estivessem vivas?".

"Sem dúvida."

"Então seria graças à apurada representação das distintas partes do corpo, em consonância com a maneira em que são afetadas pela postura – a pele enrugada ou tensa, os membros contraídos ou estirados, os músculos tesos ou relaxados – que lhes transmite a aparência de membros reais e os torna mais convincentes?"

"Sim, com certeza."

8   "Será que a imitação exata das emoções que afetam os corpos em ação produz também uma sensação de satisfação naquele que contempla?"

"Sim. É presumível que sim."

"Não deveria, portanto, o olhar ameaçador nos olhos dos combatentes ser apuradamente representado e a expressão triunfante da fisionomia dos conquistadores imitada?"

"Com toda a certeza."

"A conclusão que podemos tirar é que o escultor deve representar nas suas figuras as atividades da alma."

---

74. O παγκράτιον (*pankrátion*) era um tipo de luta que combinava a chamada luta livre e o pugilismo.

9   Ao visitar Pístias, o confeccionador de couraças, este mostrou a Sócrates algumas bem confeccionadas pequenas couraças para proteção do peito, o que levou Sócrates a exclamar: "Por Hera, Pístias, é uma bela invenção! De fato, estas pequenas couraças cobrem as partes que necessitam proteção sem impedir o uso das mãos. Mas informa-me, Pístias," ele acrescentou, "por que cobras mais por tuas couraças do que qualquer outro confeccionador, ainda que não sejam mais resistentes e não apresentem um custo mais elevado de produção?"

"Porque as proporções das minhas couraças são melhores, Sócrates."

"E como exibes as proporções delas [ao comprador] a fim de justificar o preço mais elevado?... Por meio do peso ou das medidas? Afinal, imagino que não confeccionas todas com o mesmo peso ou do mesmo tamanho – se não como serviriam e se ajustariam?"

"Elas têm que servir, por Zeus! Uma couraça para o peito seria inútil se não servisse e se ajustasse."

11   "Não são alguns corpos humanos bem proporcionados e outros mal proporcionados?"

"Certamente."

"Então se é preciso que uma couraça para proteção do peito se ajuste a um corpo mal proporcionado, como a tornas bem proporcionada a ele?"

"Tornando-a ajustável, pois se apresentar um bom ajuste será bem proporcionada."

12   "Aparentemente entendes *bem proporcionada* não em um sentido absoluto, mas relativamente a quem vai usar a couraça, como poderias chamar um escudo de bem proporcionado ao homem a quem vai servir, ou um sobretudo militar, e parece que para ti isso se aplica a tudo. E talvez haja uma importante vantagem adicional em um bom ajuste."

"Se sabes qual é, Sócrates, informa-me."

"O que é bem ajustado pode ser usado menos pesadamente do que o mal ajustado, apesar de ambos terem peso idêntico.

De fato, o mau ajuste, provocando um mau caimento totalmente a partir dos ombros, ou uma pressão em alguma parte do corpo, produz desconforto e fadiga. O bom ajuste, pelo contrário, fazendo com que o peso se distribua sobre a clavícula, as omoplatas, os ombros, o peito, as costas e o ventre, quase que pode ser classificado como um acessório e não um estorvo."

14 "A vantagem a que aludes é exatamente a que, segundo penso, torna meu trabalho merecedor de um preço mais elevado. Entretanto, alguns preferem comprar couraças ornamentadas e com incrustações de ouro."

"De qualquer modo, se com isso estiverem comprando couraças com mau ajuste, eu diria que compram entulho ornamentado e com incrustações de ouro. O fato é que como o corpo
15 não se conserva constantemente rígido, mas em um momento curvado, em um outro ereto, como podem servir e se ajustar couraças compactas?"

"Simplesmente não podem."

"Queres dizer que os bons ajustes não são os compactos, mas os que não produzem atrito no corpo dos usuários?"

"A conclusão é tua, Sócrates, mas tenho a impressão de que acertaste em cheio."

11

EM UMA OCASIÃO, HAVIA EM NOSSA CIDADE[75] uma bela mulher chamada Teodoté, que estava sempre pronta para a companhia de qualquer um que a agradasse. Um de seus observadores mencionou seu nome, declarando que lhe faltavam palavras para descrever a beleza daquela mulher; acrescentou que era visitada por artistas que a pintavam, exibindo-lhes ela toda a decência que era permitida. "É melhor que a visitemos," decla-

---

75. Atenas.

rou, por seu turno, Sócrates, "indubitavelmente o indescritível não pode ser conhecido por boatos."

2 "Pois, acompanha-me imediatamente," insistiu o informante.

E assim dirigiram-se à casa de Teodoté, onde a encontraram posando para um pintor. Aguardaram como meros espectadores.

Quando o pintor terminou seu trabalho, Sócrates disse:

"Meus amigos, deveríamos nós ser mais gratos a Teodoté por ela nos exibir sua beleza ou ela a nós por a contemplar? Será que não é ela a mais favorecida, na hipótese de ter mais proveito exibindo sua beleza, ou seremos nós supondo que temos mais proveito a contemplando?"

3 Quando alguém comentou que se tratava de uma maneira justa de colocar as coisas, ele prosseguiu: "Bem, ela já está creditada com o nosso louvor, e logo que espalharmos a notícia, tirará ainda mais proveito; de nossa parte, já ansiamos por tocar o que vimos. Iremos embora excitados e sentiremos falta dela depois de partirmos. A consequência natural é nos tornarmos seus adoradores e ela, a adorada.".

"Por Zeus, se assim é," exclamou Teodoté, "não há dúvida que devo ser grata a vós por contemplarem."

4 Sócrates notou, a esse ponto, que ela estava suntuosamente trajada e que sua mãe, ao seu lado, usava roupas finas e joias; além disso, dispunha de muitas servas atraentes, as quais também se apresentavam impecavelmente. Que acrescentemos que sua casa era fartamente mobiliada.

"Diz-me, Teodoté," perguntou, "tens uma propriedade rural?"

"Não." ela respondeu.

"Ou talvez uma casa que te proporcione renda?"

"Não. Também não tenho uma casa."

"Possivelmente alguns artesãos?"

"Não... Nenhum."

"Então, do que vives?"

"Vivo da generosidade de quaisquer amigos que encontro."

5 "Por Hera, uma excelente propriedade, Teodoté! Muito melhor do que grandes rebanhos de ovinos, caprinos e bovinos. Mas," ele continuou, "confias na sorte, aguardando amigos achegarem-se a ti como moscas, ou dispões de algum expediente que te é próprio?"

6 "E como poderia eu criar um expediente para isso?"
"Poderias fazê-lo muito mais convenientemente – asseguro-te – do que as aranhas. Sabes, decerto, quanto caçam para viver: creio que tecem uma teia fina e se alimentam de tudo que se prende a ela."

7 "E me aconselhas, então, a tecer algum tipo de armadilha?"
"É claro que não. Não suponhas que caçarás amigos, a mais nobre caça do mundo, por meio desses métodos grosseiros. Não percebes que muitos truques são empregados até para

8 caçar um reles animalzinho como a lebre? Como as lebres se alimentam à noite, para caçá-las são providenciados cães especialmente adaptados para o trabalho noturno; e como fogem ao romper do dia, providencia-se uma outra matilha para farejá-las na sua fuga de seu lugar de alimentação à cama no seu covil; e como são tão ligeiras que uma vez estando fora do covil, acabam realmente por escapar em campo aberto, providencia-se ainda uma terceira matilha composta de cães velozes que são capazes de alcançá-las em uma encarniçada perseguição e apanhá-las; e como mesmo assim algumas ainda escapam, são instaladas redes nas trilhas pelas quais elas escapam, possibilitando que sejam a elas conduzidas e abatidas."

9 "Então poderia eu adaptar esse esquema para a perseguição de amigos?"
"Decerto que podes, bastando para isso substituíres os cães por um agente que rastreará e localizará homens ricos interessados na beleza, e em seguida agirá de modo a conduzi-los rumo a tuas redes."

10 "*Redes*! E de que redes disponho?"
"Certamente ao menos de *uma*, suficientemente capaz de prender: teu corpo! E no interior dele tens uma alma que te

ensina qual o olhar que agrada, quais as palavras que deliciam, e te diz que tua função é dar acaloradas boas-vindas a um ávido e determinado pretendente, porém bater a porta a um indivíduo afetado e indolente. E quando um amigo se adoentou, mostrar tua ansiedade por meio de tua visita; e quando foi atingido por um golpe de sorte, congratulá-lo vivamente; e se ele se revelar ansioso e determinado em sua pretensão, te colocares a seu serviço de corpo e alma. Quanto a amar, estou certo que sabes como amar, tanto com ternura quanto com bem querer. E que teus amigos te proporcionem satisfação, disso os convenceis, eu o sei, não por meio de palavras, mas mediante ações."

"Por Zeus!" exclamou Teodoté, "Palavra que não concebo nenhuma dessas coisas como expediente."

11 "Entretanto," ele prosseguiu, "é muito importante que teu comportamento com um indivíduo seja a um tempo natural e correto, posto que com certeza não podes nem capturar um amigo nem o conservar mediante violência. É afabilidade e doçura que possibilitam a captura e a firme conservação da pessoa."

"É verdade," ela concordou.

12 "Deves, portanto, começar por pedir aos teus pretendentes aqueles favores que te concederão sem hesitarem por um momento; deves, em seguida, retribuir seus favores na mesma moeda, pois deste modo eles se revelarão teus amigos o mais since-
13 ramente possível, sua afeição será a mais constante e eles serão maximamente generosos. E se esperares que solicitem teus favores, eles conferirão a si maior apreço. As mais finas iguarias, percebes, se forem servidas antes de serem desejadas, parecem rançosas; se servidas aos que já as comeram suficientemente, podem causar pura e simples náusea. Contudo, mesmo uma magra refeição é muito bem-vinda ao ser oferecida a alguém faminto."

14 "E como posso fazê-los ficar famintos por minha refeição?"

"Por Zeus, em primeiro lugar não a ofereça a eles quando já a tiveram o bastante, nem os incite até que lancem fora o excesso e principiam a querer mais. Então, quando experimentarem a carência, deves incitá-los comportando-te como um modelo de decência, esbanjando relutância quanto a ceder e recuando até que estejam o mais ardentes possível; neste caso, os mesmos presentes são muito mais apreciados por quem vai recebê-los do que quando são oferecidos antes de serem desejados."

15 "Então, Sócrates," disse Teodoté, "por que não te tornas meu colaborador na busca de amigos?"

"Por Zeus, sem qualquer problema, desde que me convenças."

"E do que devo eu convencer-te?"

"Isso descobrirás e conceberás por ti mesma se quiseres minha ajuda."

"Ora, vem e visita-me frequentemente."

16 "Ah, Teodoté!" exclamou Sócrates, troçando de seus próprios hábitos vagarosos, "Não me é fácil encontrar tempo. De fato, tenho muitas ocupações, tanto privadas quanto públicas; além disso, tenho amantes que não me deixarão dia e noite. Estão estudando comigo a respeito de poções e encantamentos."

17 "Verdade! Entendes também destas coisas, Sócrates?"

"Ora, não supões por que mestre Apolodoro e Antístenes jamais me deixam? E por que Cebes e Símias visitam-me vindo de Tebas? Asseguro-te que tais coisas não acontecem sem o concurso de muitas poções, encantamentos e sortilégios de amor."

18 "Empresta-me teu sortilégio para que eu possa usá-lo em primeiro lugar para atrair-te."

"Mas, por Zeus, não quero ser atraído por ti! Quero que tu venhas a mim."

"Oh, eu irei a ti desde que me dês acolhida."

"Ah, terás tua acolhida, a não ser que haja comigo uma amante mais querida!"

12

Ao notar que Epígenes, um de seus companheiros, apresentava um precário estado físico, considerando-se a sua juventude, Sócrates fez a seguinte observação: "Pareces ignorar o treinamento físico, Epígenes.".

"Bem," respondeu Epígenes, "não sou um atleta, Sócrates."

"Tanto quanto os competidores que se alistam para Olímpia," ele replicou. "Ou tens na conta de pouca coisa a luta de vida ou morte contra seus inimigos, na qual, talvez, os atenienses terão que se engajar? Bem, muitos, graças à sua precária condição física, perdem a vida diante dos perigos da guerra ou a salvam desonrosamente; muitos, por idêntica razão, são feitos prisioneiros, e então, ou passam, talvez, o resto de suas vidas na mais dura escravidão ou, depois de suportarem os mais cruéis sofrimentos e pagarem, por vezes, mais do que devem, sobrevivem, porém destituídos de tudo e na miséria. Muitos, ainda, devido à sua fraqueza física, são marcados pela infâmia ao serem considerados covardes. Ou não te importas com as consequências do precário estado físico, e pensas que podes facilmente suportar essas coisas? E, todavia, suponho que o que tem que ser suportado por qualquer pessoa que zela pela conservação de um corpo em bom estado físico é sumamente mais leve e extremamente mais agradável do que essas coisas. Ou consideras a má condição física mais saudável, e geralmente mais útil do que a boa? Ou desprezas os resultados de uma boa condição física? E, no entanto, os resultados da boa forma física são aqueles diretamente opostos aos resultados da falta de boa forma física. Aqueles que gozam de boa forma física são saudáveis e vigorosos e, consequentemente, salvam-se honrosamente no campo de batalha, escapando a todos os perigos da guerra; muitos ajudam amigos e beneficiam suas pátrias, com o que conquistam a gratidão, granjeiam glória e obtêm honras eminentes. A consequência disso é poderem, daí por diante, viver uma vida mais prazerosa e melhor e legar aos filhos melhores recursos para que possam ganhar a vida.

Digo-te que pelo fato de o treinamento militar não ser publicamente reconhecido pelo Estado, não deves tomar isso como desculpa para ser, de modo algum, menos cuidadoso, quanto a te dedicares pessoalmente ao treinamento militar. De fato, podes ter certeza de que não há nenhum tipo de conflito, independentemente da guerra, e nenhum empreendimento em que te encontrarás pior conservando teu corpo em melhor forma. Com efeito, em todas as atividades humanas o corpo se mostra útil; por outro lado, em todos os usos do corpo revela-

6 -se sumamente importante estar no melhor estado de eficiência física possível. Mesmo no processo do pensar, no qual a utilização do corpo parece ser reduzida a um mínimo, reconhece-se comumente que graves erros podem amiúde ser atribuídos à má saúde. E pelo fato de o corpo encontrar-se em um estado precário, a perda da memória, o abatimento, o humor difícil, a insanidade frequentemente assaltam o espírito tão violenta-

7 mente a ponto de expulsar dele qualquer conhecimento que encerre. Um corpo íntegro e sadio, porém, constitui uma sólida defesa para um indivíduo, não havendo, ao menos, nenhum perigo de tal desastre suceder-lhe em razão da debilidade física; pelo contrário, é provável que a condição saudável do indivíduo servir-lhe-á para a produção de efeitos que são opostos aos que nascem da condição não saudável. Decerto uma pessoa sensata a tudo se submeterá a fim de atingir os efeitos que constituem os opostos dos que figuram em meu elenco.

8 Ademais, é sumamente deplorável envelhecer em meio ao puro descuido, sem perceber em que tipo de ser humano é possível se tornar promovendo a força e a beleza físicas ao seu grau máximo. Mas se és descuidado, não o podes perceber, pois isso não se manifesta por conta própria."

13

Diante de um homem que se encolerizara porque sua saudação não fora retribuída, Sócrates exclamou: "Ridículo! Não terias te encolerizado se tivesses topado com alguém doente; e, no entanto, ficas aborrecido porque topaste com alguém que possui maneiras mais rudes!"

2   Diante de um outro, o qual declarava que não sentia prazer em comer, ele observou: "Acumeno tem uma boa receita para essa indisposição.". E quando a pessoa perguntou "Qual?" ele respondeu: "Para de comer e então acharás a vida mais agradável, mais econômica e mais saudável.".

3   Na presença ainda de um outro indivíduo, que se queixava que a água para beber em casa estava morna, ele declarou: "Bem, quando quiseres água morna para a lavagem, tu a terás à mão.".

"Mas neste caso é excessivamente fria para a lavagem," o outro objetou.

"E teus servos queixam-se ao usá-la tanto para beber quanto para lavar?"

"Oh, não! Na verdade, costumo me surpreender pelo fato de estarem satisfeitos com ela para as duas finalidades."

"Qual é a mais morna para beber, a água de tua casa ou a água de Epidauro[76]?"

"A água de Epidauro."

"E qual é a mais fria para lavagem, a tua ou a água de Oropo[77]?"

"A água de Oropo."

"Então pondera e concluirás que és aparentemente mais difícil de ser contentado do que servos e enfermos."

4   Quando uma pessoa castigou severamente seu servidor pessoal, Sócrates perguntou-lhe o motivo de sua cólera relativamente àquele homem.

"Porque é um glutão e um imbecil," respondeu o outro, "além de ser ganancioso e indolente."

"E algum dia já refletiste quem merece mais açoites, se o senhor ou o servidor?"

5   Em uma ocasião em que alguém se mostrou receoso da viagem até Olímpia, Sócrates se expressou nos seguintes termos:

---

76. Ou seja, a água da fonte de água quente localizada nos arredores do templo de Asclépio, em Epidauro.
77. Ou seja, a água da fonte junto ao templo de Anfiarau em Oropo, na Beócia.

"Por que temes a distância? Quando estás em casa, não consomes a maior parte do dia caminhando? Na tua viagem darás um passeio antes do almoço, um outro antes do jantar e então descansarás. Não sabes que se somares as caminhadas que fazes em cinco ou seis dias, podes facilmente cobrir a distância entre Atenas e Olímpia? Inclusive é mais confortável partir começando um dia cedo do que um dia tarde, já que ser forçado a tornar as etapas da viagem indevidamente longas é desagradável. Mas usar um dia extra na estrada facilita a jornada. Assim, mais vale apressar-se na partida do que na estrada."

6 E quando alguém comentou que estava esgotado após uma longa viagem, perguntou-lhe se carregara um fardo.

"Não," respondeu o homem, "somente meu manto."

"Estavas sozinho ou estavas acompanhado por um servidor?"

"Acompanhado por um servidor."

"De mãos vazias ou trazendo qualquer coisa?"

"Ele trazia as mantas de viagem e, naturalmente, o resto da bagagem."

"E como ele se sente finda a viagem?"

"Melhor do que eu, pelo que sei."

"Bem, se tivesses sido forçado a carregar a carga dele, tens ideia de como te sentirias?"

"Mal, com certeza; ou melhor, não o poderia ter feito."

"Realmente! Pensas, então, que um homem educado [na ginástica] deva ser a tal ponto menos capacitado de suportar fadiga do que seu escravo?"

14

Toda vez que algum dos membros de um jantar comum trazia mais carne[78] do que os outros, Sócrates diria a quem fosse

---

78. ...ὄψον... (*ópson*), genericamente qualquer alimento que não é comido cru, mas preparado ao fogo, e que geralmente não se come sozinho, por exemplo que se come com pão; especificamente manjar delicado, gulodice, petisco ou carne.

servir que colocasse as pequenas contribuições na reserva comum ou que as distribuísse igualmente entre os participantes do jantar. Assim, os que traziam mais se viam obrigados não só a retirar seu quinhão do suprimento comum como também a contribuir com seus suprimentos, de modo que enriqueciam a reserva comum com seus próprios suprimentos. E, considerando-se que assim não retiravam mais do que os que haviam trazido pouco consigo, desistiam de gastar muito com comida.

2   Em uma oportunidade, Sócrates observou que um dos companheiros do jantar deixara de pegar pão, limitando-se a comer somente a carne. A conversa naquele momento girava em torno dos nomes e das ações às quais são adequadamente aplicados. "Será que poderíamos, meus amigos," começou Sócrates, "dizer qual é a natureza da ação por conta da qual alguém é chamado de guloso? De fato, todos, presumo, comem carne com seu pão quando têm chance para fazê-lo. Não penso, porém, que haja por isso qualquer razão para chamá-los de gulosos."

"Certamente não," disse alguém do grupo.

3   "Bem, vamos supor que a pessoa coma somente a carne, sem o pão, não devido ao fato de estar em treinamento, mas para aguçar agradavelmente seu paladar. Pareceria por isso uma pessoa gulosa, ou não?"

"Se ela não parecer, será difícil dizer quem parece," foi a resposta.

Nesse ponto da conversação, um outro membro do grupo indagou:

"E aquele que come um pedacinho de pão com uma grande quantidade de carne?"

"Parece-me que esse também merece o epíteto," disse Sócrates. "Sempre que os outros homens suplicassem aos deuses por uma boa safra de grãos, ele, é o que se supõe, suplicaria por uma boa provisão de carne."

4   [A essa altura,] o jovem, adivinhando que essas observações de Sócrates tinham a ele como objeto, não parou de comer sua

carne, mas pegou algum pão para acompanhá-la. Quando Sócrates o percebeu, ele bradou: "Observai o camarada, vós que estais perto dele, e verificai se trata o pão como sua carne ou esta como seu pão."

5 Em um outro ensejo, ele notou que um dos membros do grupo experimentava diversos pratos a cada mordida do pão. "Podeis imaginar," ele principiou por instaurar a pergunta, "uma refeição mais extravagante e mais prejudicial aos víveres do que a daquele que come muitas coisas juntas e mete todos os tipos de condimentos na boca de uma vez? Misturando de qualquer forma mais ingredientes do que os cozinheiros, ele aumenta o custo e, na medida em que mistura ingredientes considerados por eles como inadequados em uma mistura, supondo estarem eles certos, estará errado e empreendendo a ruína da arte deles.

6 E, no entanto, não é decerto ridículo para um senhor, depois de obter cozinheiros sumamente habilitados, ainda que não tenha a pretensão de qualquer conhecimento da arte, alterar o que foi por eles preparado? Há igualmente um outro prejuízo ligado ao costume de comer muitas coisas juntas. De fato, se não são providos muitos pratos, parecerá que alguém sofre de escassez porque se carece da usual variedade; por outro lado, aquele que está habituado a ingerir um tipo de carne acompanhado de um pedaço de pão é capaz de conseguir o melhor de um só prato quando outros não estão por vir."

7 Ele costumava dizer também que a expressão *boa alimentação*[79] em Atenas era um sinônimo de *alimentação*[80]. O *boa* no termo composto implicava o comer alimento incapaz de prejudicar o corpo ou a alma e de fácil obtenção. Desse modo, atribuía até mesmo a boa alimentação às criaturas de hábitos de vida mais sóbrios.

---

79. ...εὐωχεῖσθαι... (*euōkheísthai*), do verbo εὐωχέω (*euōkhéō*), regalar-se, banquetear-se.
80. ...ἐσθίειν... (*esthíein*), do verbo ἐσθίω (*esthíō*), comer.

1

SÓCRATES ERA UMA PESSOA TÃO ÚTIL em todas as circunstâncias e de todas as maneiras que qualquer observador que possua a percepção ordinária pode concluir que nada era mais proveitoso do que a sua companhia e o tempo com ele gasto em qualquer lugar e em quaisquer circunstâncias. A própria lembrança dele, quando ausente, trazia um benefício significativo aos seus constantes companheiros e adeptos. De fato, até do seu comportamento divertido tiravam tanto proveito de sua companhia quanto quando ele se mostrava sério.

2   Assim, ele costumava dizer que "amava". Mas está claro que seu coração estava ligado não àqueles que eram belos para os olhos do corpo, mas àqueles cujas almas primavam em matéria de virtude. Ele reconhecia esses seres virtuosos pela sua rapidez de aprender qualquer assunto que constituísse seu objeto de estudo, pela capacidade de lembrar o que aprendiam e pelo desejo que nutriam por qualquer espécie de conhecimento do qual dependem a boa administração de uma casa, de um Estado, e o trato habilidoso com os seres humanos e os negócios humanos. Em verdade, a educação tornaria tais seres não apenas pessoalmente felizes e bem-sucedidos na administração de suas casas, como também capazes de proporcionar
3   felicidade aos seus semelhantes e igualmente aos Estados. O método de abordagem de Sócrates variava. Aos que se julgavam detentores de dotes naturais e que desprezavam o aprendizado, ele explicava que quanto maiores os dotes naturais, maior a necessidade de educação, salientando que animais de raça pura, devido à sua vivacidade e vigor, transformam-se

em criaturas esplêndidas e úteis se domados quando são potros, mas que se não forem domados acabam se convertendo em fracos rocins intratáveis; e os filhotes de cão de raça, trabalhadores perspicazes e bons apanhadores de caça, se bem adestrados tornam-se sabujos de primeira qualidade e cães úteis, ao passo que se não forem adestrados, convertem-se em bestas estúpidas, insanas e desobedientes. O mesmo ocorre

4 com os seres humanos. Os mais bem aquinhoados com dons, os jovens de alma ardorosa, capazes de fazer tudo que tentam fazer, se educados e ensinados quanto aos seus deveres, transformam-se em homens excelentes e úteis; suas proezas são múltiplas e grandiosas. Mas na ausência dessa educação e ensino, esses mesmos jovens tornam-se inteiramente maus e perversos, pois carentes do conhecimento para discernirem seus deveres, com frequência devotam-se a ações vis, e com base na própria grandeza e ardor de sua natureza revelam-se incontroláveis e intratáveis, resultando no grande número e gravidade de seus atos maus.

5 Ele advertia da seguinte maneira aqueles que, orgulhosos de suas riquezas, julgavam que prescindiam de educação, na suposição de que sua riqueza lhes bastaria para obter os objetos de seus desejos e granjear a honra entre os seres humanos: "Somente um idiota pode considerar possível distinguir entre coisas benéficas e coisas danosas sem o aprendizado; somente um idiota pode pensar que sem essa distinção conseguirá obter tudo que quer por meio de sua riqueza e se capacitar a fazer o que é conveniente; somente um simplório pode pensar que sem a capacidade de fazer o que é conveniente estará se dando bem e terá assegurado bons ou suficientes recursos para sua vida; somente um simplório pode pensar que somente por meio de sua riqueza e sem conhecimento será considerado bom em alguma coisa, ou gozará de uma boa reputação sem ser considerado bom em qualquer coisa em particular.".

2

Indicarei na sequência como ele lidava com aqueles que julgavam ter recebido a melhor educação e se orgulhavam da sabedoria. Fora informado de que Eutídemo, o belo, formara um grande acervo das obras de célebres poetas e sábios, com o que passara a se ter na conta de um prodígio de sabedoria para a sua idade, além do que estava confiante de ser capaz de superar quaisquer competidores em matéria tanto de capacidade de discurso quanto de ação. Sócrates observara que ele atualmente não ingressava na *ágora*[81] devido à sua idade; quando desejava providenciar alguma coisa, fazia-se presente na loja de um seleiro nas proximidades da *ágora*. Assim, visando criar um intróito, Sócrates dirigiu-se a essa loja com alguns de seus companheiros.

2   Nessa primeira visita, um deles perguntou: "Foi devido ao contínuo intercâmbio com algum sábio ou graças a alguma capacidade natural que Temístocles destacou-se entre seus concidadãos como o homem para o qual o povo naturalmente olhou quando experimentou a necessidade de um grande líder?".

Com a finalidade de levar Eutídemo à reflexão, Sócrates acrescentou:

"Se nas artes menores grandes realizações são impossíveis sem a presença de competentes mestres, não há dúvida que é absurdo imaginar que a arte do governo do Estado, a maior de todas as realizações, faz-se acessível a um homem graças unicamente à sua iniciativa própria."

---

81. A palavra ἀγορά (*agorá*) significa genericamente *assembleia* ou *lugar público*, mas apresenta duas acepções particulares e específicas de grande importância referindo-se a Atenas: primeiro a de Assembleia dos demos e das tribos; em segundo lugar, a de todo o espaço arborizado em Atenas onde se achavam construídos os prédios do senado, dos tribunais e dos templos; além disso, a *ágora* era dividida em distritos atribuídos a cada uma das corporações de mercadores, agregando o significado adicional de local de reunião dos mercadores e daí, mercado.

3   Algum tempo depois, encontrando novamente Eutídemo, Sócrates notou que ele relutava em juntar-se ao círculo e mostrava-se ansioso em não denunciar qualquer admiração pela sabedoria de Sócrates. "Bem, homens," começou Sócrates, "quando nosso amigo Eutídemo houver atingido seus plenos poderes e a Assembleia estiver às voltas com alguma questão de política diplomática, ele não se furtará a oferecer aconselhamento, o que se revela óbvio a julgar por seu comportamento. Imagino que ele tenha preparado um belo exórdio aos seus discursos, com o devido cuidado para não dar a impressão de que está em débito com quem quer que seja por seu conhecimento. Não resta dúvida de que ele principiará seu discurso com a seguinte introdução:

4   'Homens de Atenas, jamais aprendi até hoje qualquer coisa de qualquer pessoa; nem quando fui informado sobre a capacidade de qualquer homem no discurso e na ação procurei encontrá-lo; tampouco me empenhei em descobrir um mestre entre os homens que possuem conhecimento. Pelo contrário, sempre evitei terminantemente aprender qualquer coisa de alguém, e até mesmo parecer que o fazia. A despeito disso, recomendarei para vosso exame tudo aquilo que vier a minha cabeça.'"

5   "Esse exórdio poderia ser adaptado de modo a ajustar-se aos candidatos ao cargo de médico público. Eles poderiam iniciar seus discursos nos seguintes termos:

'Homens de Atenas, jamais estudei medicina até agora. Tampouco tentei encontrar um mestre entre nossos médicos; de fato, evitei constantemente aprender qualquer coisa dos médicos, e mesmo parecer que estudei sua arte. Contudo, eu vos solicito que me nomeiem para o cargo de médico, e eu me esforçarei no sentido de aprender experimentando em vós.'"

Tal exórdio levou todo o grupo ao riso.

6   A essa altura, tendo ficado evidente que Sócrates conquistara a atenção de Eutídemo, mas que este insistia em não quebrar o silêncio e julgava estar assumindo ares de prudência por permanecer calado, Sócrates quis pôr um fim nessa afetação. "Quão estranho é," ele disse, "o fato daqueles que querem to-

car harpa ou flauta, ou cavalgar, ou adquirir habilidade em qualquer empreendimento semelhante, trabalharem duro na arte na qual desejam ter domínio, e não por meio deles próprios, porém mediante a instrução dos mais eminentes mestres, fazendo e suportando tudo no seu anseio de nada fazer sem a orientação de seus mestres, simplesmente porque esse é o único meio de tornar-se competente; e, não obstante, entre os que desejam brilhar como oradores na Assembleia e como políticos, há alguns que pensam que serão capazes de fazê-lo de repente e por instinto, prescindindo de treinamento e de estudo. E, todavia, decerto essas artes são, de longe, as de mais difícil aprendizado, tendo muitos nelas se interessado, apesar de serem pouquíssimos aqueles que nelas obtiveram êxito. Fica claro, portanto, que essas artes requerem uma aplicação mais longa e mais intensa do que as outras."

7

Durante um certo tempo, Sócrates permaneceu falando dessa maneira, enquanto Eutídemo mantinha-se como ouvinte. Mas ao perceber que ele se mostrava mais tolerante com sua conversação e mais atento, Sócrates [em uma certa oportunidade] dirigiu-se sozinho à loja do seleiro, e quando Eutídemo sentou-se ao lado dele, disse: "Diz-me, Eutídemo, terei sido corretamente informado de que dispões de uma grande coleção de obras escritas pelos sábios do passado, que é como são chamados?".

8

"Por Zeus, é verdade, Sócrates," ele respondeu, "e ainda a estou aumentando com o objetivo de torná-la a mais completa possível."

"Por Hera," replicou Sócrates, "realmente tens minha admiração por valorizares os tesouros da sabedoria acima do ouro e da prata. Certamente és da opinião de que, enquanto o ouro e a prata não são capazes de tornar melhores os seres humanos, os pensamentos dos sábios enriquecem com a virtude os seus possuidores."

9

Ao ouvir isso, Eutídemo encheu-se de contentamento, pois imaginou que na opinião de Sócrates ele se achava na senda da

10 sabedoria. Sócrates, porém, ciente de que ele se regozijara com sua aprovação, retomou a palavra para dizer:

"Conta-me, Eutídemo, que espécie de virtude desejas conquistar colecionando essas obras?"

E como Eutídemo permanecia silencioso, [presumivelmente] em busca de uma resposta, Sócrates juntou: "Possivelmente desejas tornar-te um médico? Os tratados de medicina por si só são suficientes para formar uma grande coleção.".

"Oh, não, em absoluto."

"Mas talvez queiras ser um arquiteto? Para isso necessita-se também de um intelecto bem nutrido."

"Não. Realmente não o desejo."

"Bem, talvez queiras ser um bom matemático, como Teodoro[82]?"

"Não. Também não."

"Ora, quem sabe queiras ser um astrônomo?"

Diante de mais uma negativa de Eutídemo, Sócrates insistiu: "Talvez um rapsodo, então? Relataram-me que possuis a obra completa de Homero."

"Oh, não, de modo algum. De fato, sei que vossos rapsodos são consumados recitadores, mas pessoalmente são indivíduos muito tolos."

11 Ante tal observação, Sócrates declarou: "Certamente, Eutídemo, não almejas o tipo de virtude que produz bons políticos e administradores, competentes governantes, beneficiadores de si mesmos e da humanidade em geral?"

"Sim, almejo, Sócrates," ele respondeu, "desejo intensamente esse tipo de virtude."

"Por Zeus!" exclamou Sócrates, "É o mais nobre tipo de virtude e a mais grandiosa das artes o que almejas, pois pertence a reis e é cognominado *régio*. Entretanto, ponderaste se é possível ser virtuoso nesse domínio sem ser um homem justo?"

---

82. O mesmo Teodoro de Cirene que figura no *Teeteto* de Platão.

"Sim... Certamente. É, efetivamente, impossível ser um bom cidadão sem a justiça."

12 "Mas me diz: chegaste a isso?"

"Sim, Sócrates. Julgo que posso revelar-me como sendo tão justo quanto qualquer homem."

"E homens justos, como carpinteiros, têm suas atividades?"

"Sim, têm."

"E tal como carpinteiros são capazes de exibir suas obras, seriam os homens justos capazes de exibir as suas?"

"Supões," replicou Eutídemo, "que sou incapaz de exibir as obras da justiça? É claro que sou capaz – e também capaz de exibir as obras da injustiça, uma vez que há muitas oportunidades de presenciá-las e ouvir a respeito delas todos os dias."

13 "Proponho, então, que escrevamos J em uma coluna e I em uma outra e que procedamos a colocar sob essas letras, J e I, o que entendemos ser as obras da justiça e as da injustiça respectivamente."

"Podes fazê-lo, se vês nisso utilidade."

Tendo escrito as palavras como propusera, Sócrates prosse-
14 guiu: "Mentir é algo que ocorre entre os homens, não é?".

"Sim, é."

"Em qual coluna, então, colocaremos isso?"

"Decerto que na da injustiça."

"A velhacaria também é encontrada entre os homens, não é mesmo?"

"Certamente."

"E para qual coluna irá isso?"

"Novamente para a da injustiça."

"E quanto a causar danos?"

"O mesmo."

"Vender alguém para a escravidão?"

"O mesmo."

"Então, Eutídemo, não destinaremos nada disso à justiça?"

"Não. A propósito, seria monstruoso fazê-lo."

15 "Mas supõe que um homem que haja sido eleito general escraviza uma cidade injusta e hostil. Diremos que ele age injustamente?"

"Não!"

"Diremos que suas ações são justas, não é mesmo?"

"Certamente."

"E quanto a ele atuar de maneira velhaca contra o inimigo durante a guerra?"

"Também isso é justo."

"E se ele furtar e saquear as provisões do inimigo, não serão justas as suas ações?"

"Certamente, mas de início supus que tuas questões se referiam somente a amigos."

"A conclusão é que tudo que destinamos à injustiça deveria também ser destinado à justiça?"

"É o que parece."

16 "Então proponho a revisão de nossa classificação e que digamos: É justo fazer tais coisas aos inimigos, porém é injusto fazê-las aos amigos, em relação aos quais nossa conduta deve ser escrupulosamente honesta."

"Perfeitamente."

17 "Agora supõe que um general, notando que [os guerreiros de] seu exército estão desanimados, diz uma mentira declarando que reforços estão a caminho e graças a isso refreia o desânimo entre os homens. Em qual coluna deveremos colocar essa fraude?"

"Penso que na [coluna da] justiça."

"Supõe, agora, que o filho de alguém recusa-se a ingerir uma dose de medicamento quando dela necessita, e que seu pai o induz a ingerir o remédio simulando que se trata de alimento, curando seu filho graças a essa mentira. Onde colocaremos essa fraude?"

"Essa também vai para o mesmo lado, segundo penso."

"Mais uma vês supõe, desta vez que alguém tem um amigo que sofre de depressão e que, por receio de que ele dê cabo da própria vida, subtrai-lhe sua espada ou algo do gênero. Em qual coluna colocaremos isso agora?"

"Isso também vai para a coluna da justiça, sem sombra de dúvida."

18 "Queres dizer, então, que mesmo com amigos um tratamento franco e direto não é invariavelmente correto?"

"De fato não é, e se me permites, eu me retrato quanto ao que disse antes."

"Ora, estou disposto a permitir, mesmo porque é bem melhor do que introduzir erro nas nossas listas. Mas considera agora a fraude praticada com os amigos em detrimento deles. Também não devemos deixar que isso passe despercebido. Qual é a mais injusta fraude nesse caso: a intencional ou a não intencional?"

"Não, Sócrates, não tenho mais como confiar em minhas respostas, pois todas as opiniões expressas por mim antes parecem agora terem assumido uma forma completamente diferente. Ainda assim, arrisco-me a dizer que a fraude intencional é mais injusta do que a não intencional."

20 "Achas que há uma teoria e ciência do justo, tal como há das letras?"

"Sim."

"Quem, a teu juízo, é o mais alfabetizado: o indivíduo que intencionalmente comete erros crassos ao escrever e ler, ou aquele que comete erros crassos não intencionalmente?"

"Suponho que aquele que comete erros crassos intencionalmente, pois pode sempre, quando quiser, ser exato."

"Então não podemos afirmar que aquele que comete intencionalmente erros crassos é alfabetizado e o que os comete não intencionalmente é analfabeto?"

"De fato, devemos."

"E quem sabe o que é justo? O mentiroso e enganador intencionais, ou os não intencionais?"

"É óbvio que os intencionais."

"Dizes, portanto, como eu o entendo, que aquele que conhece letras é mais alfabetizado do que aquele que as desconhece?"

"Sim."

"E que aquele que conhece o que é justo é mais justo do que aquele que o desconhece?"

"É o que parece, mas aqui mais uma vez não estou certo do que quero dizer."

21 "Bem, o que pensas do indivíduo que deseja dizer a verdade, mas que jamais se prende ao que diz? Quando te indica o caminho, começa por informar-te que a estrada vai para o leste, em seguida que vai para o oeste; e quando calcula números, ora apresenta um total maior, ora um menor."

"Penso que demonstra que não conhece o que pensava que conhecia."

22 "Estás ciente de que algumas pessoas são chamadas de servis?"

"Sim."

"E ao que devem ser assim chamadas? Ao conhecimento ou à ignorância?"

"Evidentemente à ignorância."

"Ignorância do ofício do ferreiro? Poderíamos assim dizer?"

"Decerto que não."

"Talvez, ignorância da carpintaria?"

"Não. Também não se trata dessa."

"Do ofício do sapateiro?"

"Não. Não tem nenhuma conexão com nenhum desses ofícios. Pelo contrário, os indivíduos habilitados nesses ofícios são, na maioria, eles próprios, servis."

"Então, será essa designação atribuída aos que ignoram o belo, o bom e o justo?"

"É o que corresponde a minha opinião."

23 "Então temos que fazer todo o esforço possível para escapar da condição de escravo."

"Pelos deuses, Sócrates!" ele exclamou. "Sentia-me realmente confiante de ser estudante de uma filosofia que me supriria da melhor educação em tudo que fosse necessário a alguém que viria a ser um homem de bem. Mas podes imaginar meu pasmo ao compreender que apesar de todos os meus esforços chego a ser incapaz de responder uma questão envolvendo coisas que cabe às pessoas saber, além de não descobrir uma outra maneira que abra caminho para o meu aprimoramento."

24 Nesse ponto, Sócrates exclamou: "Diz-me, Eutídemo, já estiveste em Delfos?".

"Por Zeus, certamente. Duas vezes."

"Então viste em algum lugar do templo a inscrição *Conhece a ti mesmo*?"

"Vi."

"E não deste atenção à inscrição, ou o fizeste e tentaste examinar quem eras?"

"Por Zeus, não o fiz porque me sentia seguro de que já o soubesse; afinal, dificilmente poderia conhecer qualquer outra coisa mais se sequer conhecesse a mim mesmo."

25 "E o que supões que alguém tem que saber para conhecer a si mesmo? Bastará saber o próprio nome? Ou precisará examinar que tipo de criatura é do ponto de vista da utilidade humana e conseguir conhecer seus próprios poderes, tal como os que compram cavalos não julgam que conhecem o animal que querem conhecer enquanto não verificam se é dócil ou teimoso, forte ou fraco, rápido ou lento, e geralmente como se comporta em tudo aquilo que torna um cavalo útil ou inútil?"

"Isso me induz a pensar que aquele que desconhece seus próprios poderes é ignorante de si mesmo."

26 "Também não é evidente que por meio do autoconhecimento os seres humanos atingem muitos bens, ao passo que por meio do autologro atingem muitos males? De fato, os que conhecem

a si mesmos sabem que coisas lhes convêm e são capazes de discernir seus próprios poderes e limitações. E realizando o que compreendem, obtêm o que desejam e prosperam. Abstendo-se da tentativa de fazer o que não compreendem, não cometem erros e evitam os fracassos. E, consequentemente, graças ao seu poder de avaliar outros seres humanos também, e mediante o seu relacionamento com os outros, alcançam o que é bom e esquivam-se do que é mau. Aqueles que não conhecem [a si mesmos] e são enganados na avaliação de seus próprios poderes estão em condição análoga relativamente a outros seres humanos e outros assuntos humanos. Não conhecem nem o que desejam, nem o que fazem, nem aqueles com os quais se relacionam; equivocados em todos esses aspectos, perdem o rumo do bem e tombam no mal. Ademais, os que sabem o que fazem granjeiam prestígio e honra ao atingirem seus objetivos. Aqueles que lhes são iguais sentem-se satisfeitos por estabelecerem transações com eles e os que não conseguem alcançar suas metas os procuram solicitando aconselhamento, proteção, e neles depositam suas esperanças de coisas melhores. E por tudo isso os amam mais do que todos os outros seres humanos. Por outro lado, os que desconhecem o que fazem, escolhem equivocadamente, falham em suas tentativas e, além de incorrerem em prejuízos diretos e nas punições decorrentes disso, atraem o desprezo por seus fracassos, convertem-se em objeto de ridículo, vivendo em meio a desonra e a humilhação."

"E o mesmo se aplica às comunidades. Descobrirás que toda vez que um Estado que não conhece seu próprio poder vai à guerra contra uma nação mais forte, esse Estado é destruído ou perde sua liberdade."

"Sócrates," observou Eutídemo, "podes ter certeza de que aprecio plenamente a importância de conhecer a si mesmo. Mas onde principia o processo do autoexame? Solicito a gentileza de me proporcionares um esclarecimento a respeito."

"Bem," disse Sócrates, "devo presumir, por assim dizer, que sabes quais coisas são boas e quais são más?"

"Por Zeus, decerto, pois se não soubesse ao menos isso, teria que ser pior do que um escravo."

"Então, favorece-me indicando-as."

"Ora, trata-se de algo simples. Em primeiro lugar, a saúde em si é, suponho, um bem, enquanto a doença é um mal. Seguem-se as várias causas dessas duas condições, ou seja, o alimento, a bebida, os hábitos são bons ou maus dependendo de se promovem a saúde ou a doença."

32 "Conclui-se que a saúde e a doença igualmente devem ser boas toda vez que seu efeito é bom, e más quando o efeito é mau."

"Mas quando é possível que a saúde seja a causa do mal ou a doença a causa do bem?"

"Ora, em muitos casos. Por exemplo, uma campanha desastrosa ou uma viagem fatal, já que enquanto os fortes que as empreendem [e tomam a dianteira] perecem, os fracos que permanecem atrás salvam-se."

"É verdade. Mas hás de convir que nas aventuras coroadas pelo êxito também os fortes participam e os fracos são deixados para trás."

"Então, como essas condições físicas às vezes resultam em proveito, às vezes em perda, serão mais boas do que más?"

"Por Zeus, certamente não ou, ao menos, é o que parece
33 com base no argumento. Mas quanto à sabedoria, Sócrates – a qual indiscutivelmente é algo bom – o que haveria que um sábio não realizaria melhor do que um insensato?"

"Realmente não ouviste falar como Dédalo foi preso por Minos devido à sabedoria do primeiro? Acrescente-se que o forçou a ser seu escravo, sendo-lhe subtraída tanto sua pátria quanto sua liberdade. E na tentativa de fuga, acompanhado de seu filho, Dédalo perdeu-o e não pôde salvar-se, acabando inclusive nas mãos dos bárbaros, voltando a viver na condição de escravo."

"Não há dúvida que essa é a história."

"E não ouviste também a história de Palamedes? Por certo a ouviste, pois todos os poetas dedicam versos a ele, acerca de como foi invejado por sua sabedoria e levado à morte por força das ações de Odisseu."

"Uma outra narrativa famosa."

"E quantos outros supões, foram sequestrados devido à sua sabedoria e arrastados à corte do grande Rei, passando a viver como escravos nesta?"

34 "A felicidade parece ser incontestavelmente um bem, Sócrates."

"Assim seria, Eutídemo, não fosse ela constituída por bens que são contestáveis."

"Mas qual elemento presente na felicidade pode ser classificado como contestável?"

"Nenhum, desde que nela não incluamos a beleza, o vigor, a riqueza ou a glória, ou ainda qualquer coisa desse tipo."

"Mas não há dúvida que o faremos. Afinal como pode alguém ser feliz sem os incluir?"

35 "Então, por Zeus, com certeza estaremos incluindo as fontes de muitos problemas para a humanidade. De fato, muitos são arruinados por admiradores cujas cabeças são viradas à vista de um belo rosto; muitos são induzidos, em função de seu vigor, a empreender tarefas demasiado pesadas para eles, o que tem como consequência sérios males; muitos, devido à sua riqueza, são corrompidos e envolvidos em conspirações; outros, por outro lado, por meio da glória e do poder político acabaram por padecer grandes males."

36 "Bem, se sou colhido em falta ao louvar até mesmo a felicidade, confesso que desconheço o que alguém deveria pedir em suas súplicas aos deuses."

"Mas talvez não tenhas jamais sequer pensado nessas coisas, já que te sentias tão confiante quanto a conhecê-las. Contudo, como o Estado que te preparas para dirigir é governado pelo povo, certamente sabes o que é a democracia?"

"Realmente penso que sei."

37 "Assim sendo, supões ser possível conhecer a democracia sem conhecer o povo?"
"Por Zeus, suponho que não."
"E sabes do que consiste o povo?"
"Penso que sim."
"E do que supões que ele consiste?"
"Imagino que das classes mais pobres."
"Então conheces os pobres?"
"É claro que sim."
"E também conheces os ricos?"
"Sim. Tão bem quanto os pobres."
"Que tipo de indivíduos classificas respectivamente como pobres e ricos?"
"Imagino que os pobres sejam aqueles que não têm [recursos] suficientes para pagar o de que necessitam; quanto aos ricos, são os que possuem [recursos] mais do que suficientes."

38 "Será que observaste que alguns que possuem pouquíssimos [recursos], não só os julgam suficientes como também os administram de modo a fazer alguma poupança, ao passo que outros não conseguem viver com seus recursos, ainda que estes sejam amplos?"
"Por Zeus, certamente. Obrigado por lembrar-me disso. Na verdade, tenho conhecimento até de alguns tiranos que são levados ao crime devido à pobreza, tal como os pobres."

39 "Portanto, se assim é," disse Sócrates, "incluiremos tiranos no povo, e homens de parcos recursos, se econômicos, entre os ricos."
"Sou forçado mais uma vez a concordar," bradou Eutídemo, "obviamente por força de minha estupidez. Inclino-me a pensar que mais me valeria conter minha língua, ou não conseguirei saber absolutamente nada." E Eutídemo foi embora muito abatido, aborrecido consigo mesmo e convencido de que não passava realmente de um escravo.

40 Muitos dos que experimentavam tal situação com Sócrates jamais se aproximavam dele novamente, sendo considerados por ele como meros patetas. Eutídemo, entretanto, supôs que nunca seria um homem de importância a não ser que passasse o máximo de tempo possível com Sócrates. Doravante, a menos que fosse obrigado a ausentar-se, nunca o deixava, chegando inclusive a começar a adotar algumas das práticas de Sócrates. Este, por seu turno, ciente das reações de Eutídemo, evitava induzi-lo a inquietações, e passou a expor-lhe muito aberta e claramente o conhecimento que julgava mais necessário e as práticas que tinha na conta das mais excelentes.

3

O INTERESSE MAIS INCISIVO DE SÓCRATES não era promover em seus companheiros qualidades como habilidade oratória, a consequente eficiência nos negócios e engenhosidade. Segundo ele, a necessidade primordial de seus companheiros era a aquisição da prudência. Ele acreditava que as capacidades indicadas anteriormente, se não acompanhadas da prudência, faziam crescer naqueles que as detinham a injustiça e o poder de causar danos.

2 Assim, como primeiro passo, ele procurava tornar seus companheiros prudentes relativamente aos deuses. Em consonância com isso, discorria sobre esse tema em várias ocasiões, como costumavam relatar os que haviam estado presentes. Eu próprio ouvi o seguinte diálogo entre ele e Eutídemo.

3 "Diz-me, Eutídemo," ele começou, "algum dia ocorreu a ti ponderar sobre o cuidado tomado pelos deuses para suprir o ser humano do que necessita?"

"Por Zeus, realmente nunca ocorreu," respondeu Eutídemo.

"Bem, decerto sabes que nossa necessidade primordial e principal é a luz, a qual nos é suprida pelos deuses?"

"Por Zeus, decerto que sei, já que sem a luz nossos olhos seriam tão inúteis como se fôssemos cegos."

"Além disso, necessitamos de repouso e, assim, os deuses nos concedem o acolhedor descanso noturno."

"Sim. Por isso também devemos lhes ser gratos."

4 "E como a noite, em função de sua escuridão, é sombria, ao passo que o sol com sua luz ilumina as horas do dia e todas as demais coisas, não criaram eles as estrelas para que brilhassem na noite, as estrelas que marcam as rondas noturnas para nós, e não satisfazemos nós com isso muitas de nossas necessidades?"

"De fato, assim é."

"Ademais, a lua nos revela não só as divisões da noite, como também as do mês."

"Certamente."

5 "E vendo que necessitamos de alimento, considera como fizeram a terra produzi-lo e deram conta para atender a esse fim estações apropriadas que fornecem copiosamente as diversas coisas que não só satisfazem nossas carências, como contribuem para o nosso prazer."

"Em verdade essas coisas também demonstram amor à humanidade."

6 "Considera igualmente sua preciosa dádiva da água, a qual colabora com a terra e as estações na geração e aumento de todas as coisas que nos são úteis; serve ela mesma como bebida de nossos corpos, e mesclando-se a tudo que nos sustenta, tudo torna mais digestível, mais saudável e mais palatável. E como necessitamos muito dela, fornecem-nos um suprimento ilimitado."

"Isso também mostra um desígnio que atua."

7 "Pensa, além disso, na bênção constituída pelo fogo, nossa proteção contra o frio e contra as trevas, nosso auxílio em todas as artes e em tudo que o ser humano concebe para prestar--lhe serviço. Na verdade, para dizê-lo em síntese, nada que seja de considerável importância e útil à vida humana é concebido e realizado sem o concurso do fogo."

"Eis outro sinal do amor à humanidade."

8 "Pensa, além disso, como o sol, ao ultrapassar o solstício de inverno se aproxima[83] amadurecendo certas coisas e fazendo murchar outras cuja duração findou; e tendo executado isso, não se aproxima mais, mas se afasta, cauteloso para não nos causar dano pelo excesso de calor. E quando, outra vez, em seu recuo alcança o ponto no qual se faz claro para nós e além do qual, se mover-se mais remotamente, permitirá que o frio nos congele, mais uma vez ele retorna, aproxima-se e gira naquela região dos céus onde melhor pode nos servir."

"Sim, verdadeiramente tudo isso parece ser realizado em prol da humanidade."

9 "E, adicionalmente, como é evidente que não seríamos capazes de suportar o calor ou o frio se fôssemos por eles afetados subitamente, tanto a aproximação do sol quanto seu recuo são tão graduais que atingimos imperceptivelmente um ou outro dos extremos."

"No que tange a mim," observou Eutídemo, "começo a duvidar se, afinal, a única ocupação dos deuses não é a prestação de serviço ao ser humano. A única dificuldade que percebo é o fato de os animais inferiores também fruírem dessas bênçãos."

10 "Sim," confirmou Sócrates, "e não será evidente que inclusive eles são dotados de vida e recebem alimento para o benefício da humanidade? Afinal, que outra criatura além do ser humano colhe tantos benefícios de caprinos, ovinos, cavalos, bois, asnos e de outros animais? Entendo que o homem mais deve a eles do que aos produtos da terra. No mínimo, não lhe são menos valiosos do prisma da alimentação e do comércio. Na verdade, uma grande parte da humanidade não se serve dos produtos da terra para sua alimentação, mas vive [exclusivamente] do leite, queijo e carne obtidos da criação de animais. Além disso, todos domam e domesticam as espécies úteis de

---

83. Para os antigos gregos, o sol não era uma estrela fixa, mas um astro errante, que como os demais planetas, girava em torno da Terra.

animais, fazendo deles seus companheiros de trabalho na guerra e em muitos outros empreendimentos."

"Também nisso concordo contigo, percebendo que os animais, que são muito mais fortes do que o homem, tornam-se a tal ponto submetidos a ele que ele deles se serve para qualquer uso que queira."

11 "Considera também, na sua infinita variedade, a profusão de coisas belas e úteis, e como os deuses dotaram os seres humanos de sentidos apropriados para a percepção de cada espécie, de sorte que nada que é bom deixa de ser desfrutado por nós; [considera,] ademais, como instalaram em nós o intelecto, por meio do qual estamos capacitados a raciocinar sobre os objetos de nossas percepções e registrá-los na memória, passando a conhecer que vantagem podemos extrair de cada um, e nos capacitando a conceber muitos meios de desfrutar o que é bom e
12 afastar o que é mau; considera, outro tanto, o poder da expressão que nos capacita a transmitir e permutar entre nós todas as boas coisas mediante o ensino e delas participar, bem como promulgar leis e administrar Estados."

"De fato, Sócrates, tudo indica que os deuses dedicam grande zelo à humanidade."

"E, ainda, como somos impotentes no que toca a prever o que nos convém no futuro, os deuses prestam-nos seu auxílio fazendo revelações àqueles que os indagam por meio da divinação[84], e ensinando-os a obterem os melhores resultados."

"E parece que contigo, Sócrates, agem ainda mais amigavelmente do que com outros homens, se for verdadeiro que mesmo sem serem indagados, advertem-te por meio de sinais quanto ao que deves fazer e ao que não deves fazer."[85]

13 "Sim e compreenderás a verdade contida no que afirmo se, em lugar de esperar que os deuses apareçam diante de ti sob forma física, te contentares em louvá-los e venerá-los porque

---
84. ...μαντικῆς... (*mantikês*).
85. Eutídemo possivelmente alude ao δαίμων (*daímōn*) de Sócrates.

és testemunha de suas obras. Observa que os próprios deuses oferecem o motivo para assim agir. De fato, quando nos concedem suas boas dádivas, nenhum deles jamais surge diante de nós com a dádiva em suas mãos; e *sobretudo aquele* que coordena e mantém coeso o universo (onde todas as coisas são belas[86] e boas) e que as mostra sempre intactas, íntegras e imperecíveis para o nosso uso, mais célere do que o pensamento para infalivelmente nos servir, *está manifesto* em suas supremas obras, embora no arranjo delas seja para nós invisível. Nota que até o sol, que parece revelar-se a todos, não permite que o ser humano o contemple direta e rigorosamente, tanto que aquele que temerariamente tentar fitá-lo, ficará cego.[87] E também descobrirás que os *auxiliares*[88] dos deuses são invisíveis. É evidente que o raio é arremessado do céu[89] e que *ele* esmaga todo aquele sobre o qual é arremessado. Entretanto, não se vê nem a sua chegada, nem o seu golpe, nem o seu trajeto. E os próprios ventos são invisíveis, embora suas ações nos sejam conspícuas e percebamos sua aproximação. Acrescentemos que a alma humana, a qual, mais do que tudo que é humano, participa do divino, reina evidentemente dentro de nós e, não obstante, é ela mesma invisível.

"Por todas essas razões cabe-nos não desprezar o que é invisível, mas, compreendendo seu poder exibido em suas manifestações, honrar a divindade."

15   "Sócrates," observou Eutídemo, "estou certo de que de maneira alguma descuidarei da divindade. Mas sinto um baque no coração ao pensar que nenhum ser humano jamais é capaz de ser devidamente grato aos deuses pelos benefícios recebidos."

---

86. ...καλὰ... (*kalà*), termo, como tantos outros, intraduzível para o português mediante uma única palavra, especialmente neste contexto. Além de incorporar o belo moral, abrangendo os conceitos de nobre, honroso, honesto, contempla conceitos como *acabado*, *consumado* e conceitos "positivos" diversos como conveniente, favorável, apto e precioso.
87. Para Sócrates e Platão, ao menos exotericamente, os astros são deuses. Ver a respeito, por exemplo, Platão, *Epinomis*, o apêndice do diálogo *As Leis*.
88. ...ὑπηρέτας... (*hypērétas*), literalmente remadores ou marinheiros.
89. O raio é um dos instrumentos de Zeus.

16 "Não, não fiques desalentado, Eutídemo. De fato, sabes que à pergunta 'Como posso agradar os deuses?', o deus de Delfos[90] responde: 'Obedece a lei do Estado', e em todo lugar, suponho, é lei e costume os seres humanos propiciarem os deuses com sacrifícios, na medida de sua capacidade. E como poderia alguém 17 honrar melhor e com maior devoção os deuses do que agindo como eles próprios ordenam? Contudo, é necessário nada omitir do que se está em condições de fazer. Sem dúvida, quando assim age, fica certamente evidente que não está honrando aos deuses. Portanto, é fazendo o que está em seu poder, por mínimo que seja, no honrar os deuses que se pode ficar confiante na expectativa das maiores bênçãos. Afinal, ninguém há de quem um indivíduo prudente pudesse esperar coisas mais grandiosas do que daqueles que são capazes de conferir os mais grandiosos benefícios; tampouco poderia ele demonstrar mais claramente sua prudência do que a eles agradando. E haveria forma melhor de agradá-los do que obedecê-los à risca?"

18 Assim, tanto pelos preceitos do discurso quanto pelo exemplo ele empenhava-se em fazer crescer em seus companheiros a devoção e a prudência.

4

No que concernia à justiça, ele também não ocultava sua opinião. Na verdade, a proclamava por meio de suas ações. Toda sua conduta privada era caracterizada pela legalidade e a utilidade. Em tudo que era exigido pela lei ele prestava escrupulosa obediência à autoridade pública, tanto no que respeitava à vida civil quanto ao que tocava ao serviço militar, no que servia de 2 padrão de boa disciplina para todos. Quando atuava como presidente nas Assembleias, não permitia que o povo registrasse um voto ilegal, mas, cumprindo as leis, resistia a um ímpeto popular

---

90. Apolo.

que poderia, inclusive, prejudicar somente a ele mesmo. E quando os Trinta[91] deram-lhe uma ordem que infringia a lei, ele se recusou a obedecer. E, assim, ele desprezou a reiterada determinação deles de não dialogar com os jovens. E quando ordenaram que ele e certos outros cidadãos prendessem um homem ligado a uma acusação capital, ele foi o único a recusar-se a obedecer a ordem, alegando que a ordem dada contra aquele homem era ilegal.

Ademais, quando foi julgado devido à acusação de Meleto, embora seja habitual da parte dos réus tentar ganhar o favorecimento do júri e empregar a lisonja e recursos ilegais, com o que, se sabe, muitos obtiveram a absolvição, ele cabalmente rejeitou a costumeira chicana dos tribunais. E ainda que pudesse facilmente ter conquistado um veredicto favorável recorrendo minimamente a tais ardis, ele escolheu morrer devido à sua fidelidade às leis, de preferência a viver graças à violação delas.

Tais pontos de vista eram proclamados em seus diálogos {*amiúde com diferentes pessoas*}[92]. Recordo da substância de um diálogo encetado com Hípias de Elis sobre a justiça. Hípias, que estivera ausente de Atenas por um tempo considerável, encontrou Sócrates já discursando. Este dizia que caso se queira que um indivíduo aprenda [as artes] da sapataria, da construção, do ferreiro ou da equitação, sabe-se onde mandá-lo para que aprenda a arte; {*alguns chegam a dizer que caso se deseje treinar um cavalo ou um boi a caminhar devidamente, para isso há muitos treinadores. Mas, por mais estranho que pareça, caso se deseje aprender justiça, não se sabe onde procurar um mestre*};[93] ou caso se deseje que o filho ou o servo aprenda justiça, não se sabe onde procurar um mestre.

Quando Hípias ouviu isso, interrogou-o em um brado e em tom de repreensão: "Ora, continuas, Sócrates, com os mesmos velhos discursos que ouvi de ti há tanto tempo atrás?"

---

91. ...οἱ τριάκοντα... (*hoi triákonta*), os trinta tiranos de Atenas.
92. ...ἄλλους μὲν πολλάκις... (*állous mèn pollákis*): Sauppe o registra com reservas, sob a suspeita de ser espúrio.
93. *Idem*.

"Sim, Hípias," ele respondeu, "sempre os mesmos e – o que é mais espantoso – a respeito dos mesmos assuntos, também! És tão instruído que ouso afirmar que nunca dizes a mesma coisa acerca dos mesmos assuntos."

"Com certeza, procuro todas as vezes dizer algo novo."

7 "Queres dizer, acerca do que sabes? Por exemplo, respondendo à pergunta 'Quantas letras há na palavra *Sócrates* e como a escrevemos corretamente?' procuras dizer agora algo diferente do que disseste antes? Ou no caso de números, supondo que te perguntam se duas vezes cinco é dez, não dás a mesma resposta agora que deste antes?"

"Quanto a letras e números, Sócrates, declaro sempre o mesmo, tal como tu. No que toca à justiça, estou confiante de que posso agora declarar o que nem tu, nem ninguém mais é capaz de contradizer."

8 "Por Hera! Queres dizer que fizeste uma grande descoberta, a ponto de admitirmos que os membros do júri não votarão mais de formas diferentes, os cidadãos cessarão com as disputas, os litígios e as contendas em torno da justiça de suas reivindicações, os Estados deixarão de lutar por seus direitos e guerrear. Quanto a mim, não vejo como me desgrudar de ti enquanto não ouvir sobre tua grande descoberta."

9 "Mas por Zeus! Garanto que nada ouvirás a respeito a não ser que comeces por declarar tua própria opinião acerca da natureza da justiça. Já basta dessa tua atitude que consiste em fazer troça dos outros, questionando e examinando todos, mas nunca se dispondo a apresentar tuas explicações ou enunciar uma opinião sobre o que for."

10 "De fato, Hípias, não percebeste que não paro de expressar minhas noções do que é justo?"

"E como podes classificar isso como uma explicação?"

"Se não por meio de minhas palavras, eu o expresso por meio de minhas ações. Não achas que ações constituem melhor evidência do que palavras?"

"Não há dúvida que muito melhor, uma vez que muitos declaram o que é justo e fazem o que é injusto; mas ninguém que faz o que é justo pode ser injusto."

11 "Mas me encontraste algum dia incorrendo em perjúrio ou calúnia, ou incitando a rivalidade entre amigos ou concidadãos, ou realizando qualquer outra ação injusta?"

"Não."

"Não considerarias como justo abster-se do que é injusto?"

"Sócrates, neste exato momento já estás tentando evitar dizer o que pensas ser a justiça. Estás dizendo não o que os justos fazem, mas o que não fazem."

12 "Bem, pensei que a não disposição para fazer injustiça fosse uma suficiente prova de justiça. Mas se não pensas assim, vê se isso é melhor: digo que o legal é o justo."

"Queres dizer, Sócrates, que o legal e o justo são idênticos?"

"Quero."

13 "O problema é que não percebo o que entendes por legal ou o que entendes por justo?"

"A expressão *leis de um Estado* tem um significado para ti?"

"Tem."

"E o que pensas que são [as leis de um Estado]?"

"Pactos realizados pelos cidadãos pelos quais promulgaram o que deve ser feito e o que deve ser evitado."

"Então não estaria agindo *legalmente* o cidadão que age em conformidade com esses pactos, e agindo *ilegalmente* o cidadão que os infringisse?"

"Certamente."

"E não estaria fazendo o que é justo aquele que os acata, e fazendo o que é injusto aquele que os desobedece?"

"Certamente."

"E não seria justo aquele que faz o que é justo, enquanto seria injusto aquele que faz o que é injusto?"

"Claro que sim."

"Portanto, aquele que age legalmente é justo e aquele que age ilegalmente é injusto."

14 "Leis," disse Hípias, "dificilmente podem ser consideradas muito importantes, Sócrates, ou mesmo a sua observância, uma vez que os próprios homens que as sancionaram frequentemente as rejeitam e reformam."

"Sim," corroborou Sócrates, "e depois de irem à guerra, frequentemente os Estados constroem novamente a paz."

"Certamente."

"Então pensas que há alguma diferença entre depreciar os que acatam as leis com o fundamento de que as leis são passíveis de anulação e censurar aqueles que se comportam dignamente nas guerras com o fundamento de que a paz é passível de ser construída? Ou realmente reprovas aqueles que se entusiasmam para servir suas pátrias nas guerras?"

"Por Zeus! É claro que não."

15 "Vejamos," Sócrates retomou o discurso, "Licurgo, o lacedemônio: compreendeste que não teria conseguido fazer Esparta ser diferente de outros Estados em nenhum aspecto se não houvesse estabelecido nela da maneira mais segura o acatamento às leis? No tocante aos governantes dos Estados, não sabes que aqueles que mais se esforçam para fazer os cidadãos acatar as leis são os melhores, e que o Estado no qual os cidadãos são os mais obedientes às leis frui do melhor tempo em paz 16 e é irresistível na guerra? Além disso, considera-se o consenso como a maior bênção para os Estados. Seus senados e seus indivíduos mais virtuosos exortam continuamente os cidadãos ao consenso, e em toda a Grécia há uma lei segundo a qual os cidadãos se comprometerão, sob juramento, ao consenso, e em toda parte fazem esse juramento. O objetivo disso, a meu ver, não é a possibilidade de os cidadãos votarem nos mesmos grupos corais, não a possibilidade de prestarem louvores aos mesmos flautistas, não a de escolherem os mesmos poetas, não a de apreciarem as mesmas coisas, mas a possibilidade de acatarem as leis. De fato, os Estados cujos cidadãos conformam-se às leis revelam-se mais fortes e fruem de mais felicidade. Entretanto,

17 sem união (consenso) é impossível tornar bom qualquer Estado, ou próspera qualquer comunidade doméstica. E haverá forma mais eficiente do indivíduo privado, que é ao mesmo tempo cidadão, incorrer menos nas penas do Estado e mais alcançar as honras deste do que obedecendo as leis? Quão menos provável ser derrotado nos tribunais ou mais certo neles ser vitorioso? Em quem alguém preferiria confiar a guarda de seu dinheiro, ou de seus filhos ou filhas? Quem todo o Estado julgaria mais confiável do que o indivíduo que se comporta de acordo com a lei? De quem mais seguramente obteriam seus justos direitos os pais, ou parentes, ou servos, ou amigos, ou concidadãos, ou estrangeiros? Em quem prefeririam os inimigos confiar, em caso de uma trégua, tratado ou termos de paz? A quem se daria preferência na escolha de um aliado? E a quem os aliados prefeririam confiar a liderança ou comando de guarnições, ou de cidades [inteiras]? De quem alguém esperaria com mais confiança a gratidão por benefícios prestados? Ou a quem preferiria alguém beneficiar senão àquele de quem julga que receberá a devida gratidão? Que amizade seria mais desejável e que inimizade não se evitaria com maior determinação? Contra quem estaria alguém menos disposto a guerrear do que contra aquele cuja amizade ambiciona e cuja inimizade está desejoso de evitar, aquele que atrai o máximo de amigos e aliados e o mínimo de opositores e inimigos?"

18 "Portanto, Hípias, só me resta declarar que o legal e o justo são idênticos. Se pensas contrariamente a isso, diz-me."

"Por Zeus, Sócrates," respondeu Hípias, "não acho que minha opinião contraria o que disseste sobre a justiça."

19 "Sabes o que se entende por *leis não escritas*, Hípias?"

"Sim. Aquelas que são universalmente observadas em todos os países."

"Poderias afirmar que os homens foram os seus criadores?"

"Não! Como poderia ser o caso considerando que é impossível que todos os homens se reunissem e falassem a mesma língua?"

"Se é assim, supões quem seja o criador dessas leis?"

"Penso que foram os deuses que criaram essas leis para os seres humanos. Aliás, entre todos os seres humanos a primeira lei é a do temor aos deuses."

20 "O dever de honrar aos pais não é uma outra lei universal?"

"Sim. Essa é uma outra."

"E aquela segundo a qual os pais não manterão relações sexuais com seus filhos e vice-versa?"

"Não, não acho que essa seja uma lei dos deuses."

"E por que não?"

"Porque noto que alguns a transgridem."

21 "Sim, e realizam muitas outras ações que se opõem às leis. Mas certamente os transgressores das leis ordenadas pelos deuses sofrem uma punição da qual nenhum ser humano pode escapar, diferentemente das leis dos homens, de cuja punição alguns transgressores conseguem escapar, quer pela ocultação, quer pela violência."

22 "E, afinal, Sócrates qual é essa punição à qual não podem se esquivar pais e filhos que mantêm relações sexuais entre si?"

"A maior de todas, por Zeus! De fato, em que punição maior poderiam incorrer seres humanos que geram mal seus filhos?"

23 "E como podem gerar seus filhos mal quando, como pode perfeitamente acontecer, os pais podem ser bons homens e as mães boas mulheres?"

"Por Zeus, certamente porque não basta que pai e mãe sejam bons. É necessário também que estejam no estado de pleno vigor físico, a menos que suponhas que os que se acham nesse estado não serão mais eficientes como pais do que aqueles que não alcançaram ainda esse estado ou o ultrapassaram."

"Está claro que isso é improvável."

"Quais são então os melhores?"

"Incontestavelmente os que se encontram em pleno vigor físico."

"Consequentemente, os que não se encontram em pleno vigor físico não apresentam competência para se tornar pais?"

"Decerto é improvável que a apresentem."

"Nesse caso, portanto, não devem gerar filhos?"

"Certamente não."

"E, portanto, os que geram filhos em tais circunstâncias geram-nos incorretamente?"

"É o que penso."

"Quem serão, então, maus pais e más mães se não eles?"

"Concordo contigo também nesse ponto."

24 "E não é o dever de retribuir benefícios reconhecido universalmente pela lei?"

"Admito que sim, mas essa lei também é violada."

"E então uma pessoa não é castigada pela violação dessa lei também pela perda gradual de bons amigos e da necessidade de caçar aqueles que o odeiam? Ou não será verdade que enquanto os que beneficiam uma pessoa conhecida são seus bons amigos, ela será por eles detestada em função de sua ingratidão se não se revelar capaz de retribuição; e então, pelo fato de ser muito proveitoso fruir do relacionamento dessas pessoas, ela os procura com máxima assiduidade?"

"Por Zeus, Sócrates, que tudo isso realmente insinua a obra dos deuses. [Eu o digo] porque leis que, em si mesmas, envolvem punição apropriada para os que as transgridem, devem, em minha opinião, ser elaboradas por um legislador superior ao ser humano."

25 "Então, Hípias, achas que os deuses ordenam o que é justo ou o que é distinto disso?"

"Por Zeus, impossível que seja algo distinto. Afinal, se um deus ordena não o que é justo, com certeza nenhum outro legislador o poderia fazer."

"A conclusão, Hípias, é que também os deuses admitem a identificação entre o justo e o legal."

E era por meio de tais discursos e ações que ele fomentava a justiça junto aos que buscavam sua companhia.

5

SÓCRATES, IGUALMENTE, procurava fomentar a melhoria de seus companheiros nos negócios, como mostrarei na sequência. Defendendo a tese de que é bom para todos que pretendem realizar trabalho honrado ter autocontrole, deixava claro aos seus companheiros, inicialmente, que ele fora constante em matéria de autodisciplina; na verdade, nos diálogos que entretinha, exortava seus companheiros a cultivar o autocontrole acima de tudo. Em consonância com isso, se atinha continuamente aos caminhos da virtude, e incitava todos os seus companheiros a permanecerem ciosos deles. Lembro-me, particularmente, do cerne de uma conversação que ele teve em certa ocasião com Eutídemo, acerca do autocontrole.

"Informa-me, Eutídemo," disse ele, "julgas que a liberdade seja um nobre e grande patrimônio tanto para os homens[94] quanto para os Estados?"

"Sim. Julgo que sim e no mais alto grau."

"Então achas que é livre o indivíduo que é governado pelos prazeres corpóreos e que, por causa deles, é impossibilitado de fazer o que é o melhor?"

"De modo algum."

"Na verdade, é possível que te pareça que fazer o melhor seja liberdade, de maneira que ter senhores que impeçam tal atividade seja escravidão."

"Estou seguro de que é isso mesmo."

"Estás seguro, portanto, de que os desregrados são escravos em cativeiro?"

"Não há a menor dúvida."

"E pensas que os desregrados são simplesmente impedidos de fazer o que é mais honroso, ou que também são constrangidos a fazer o que é mais desonroso?"

---

94. ...ἀνδρί... (*andri*).

"Penso que são tanto constrangidos a fazer uma coisa quanto impedidos de fazer a outra."

5 "Que tipo de senhores são, no teu ponto de vista, esses que impedem a realização do melhor e forçam a realização do pior?"

"Por Zeus, os piores [senhores] possíveis."

"E qual tipo de escravidão julgas ser a pior?"

"Penso que a escravidão nas mãos dos piores senhores."

"Assim, a pior escravidão é aquela suportada pelos desregrados?"

"É o que penso."

6 "E no que se refere à sabedoria, o maior dos bens, o desregramento não a exclui e conduz os seres humanos ao seu oposto? Ou não achas que o desregramento os impede de dar atenção às coisas úteis e à sua compreensão ao arrastá-los para coisas prazerosas, com o que frequentemente transtorna sua percepção do bem e do mal, levando-os a escolher o pior em lugar do melhor?"

"Penso que é isso que ocorre."

7 "E com a prudência, Eutídemo, quem – diríamos – tem menos a ver do que o desregrado? Não é de se presumir que as ações inspiradas pela prudência e pelo desregramento sejam precisamente opostas?"

"Com isso também concordo."

"Achas que há maior obstáculo para o zelo pelo que é correto do que o desregramento?"

"De fato não acho."

"E supões que possa haver qualquer coisa pior para um ser humano do que aquilo que o leva a preferir o prejudicial ao útil e o convence a zelar pelo primeiro e negligenciar o segundo, além de o forçar a fazer o contrário daquilo que a prudência determina?"

"Nada."

8 "E não é provável que o autocontrole leve a ações que são opostas às causadas pelo desregramento?"

"Certamente."

"E não será presumivelmente um grande bem a causa dessas ações opostas?"

"Sim, é presumível que o seja."

"Consequentemente, estaríamos autorizados, Eutídemo, a presumir que o autocontrole constitui um imenso bem para um ser humano?"

"Decerto estaríamos autorizados a presumi-lo, Sócrates."

9 "Já te ocorreu, Eutídemo..."

"O quê?"

"...que embora o prazer seja a única meta para a qual se pensa que o desregramento conduz os seres humanos, o próprio desregramento [a rigor] é incapaz de a ele conduzir, ao passo que nada gera prazer tão certamente quanto o autocontrole?"

"E como?"

"Ora, o desregramento não lhes permitirá suportar a fome, a sede, o desejo sexual ou a falta de sono, os quais constituem as exclusivas causas do prazer obtido no comer, no beber, no fazer sexo, no repousar e no dormir após um certo período de espera e resistência, até chegar o momento em que eles proporcionarão a maior satisfação possível. E assim o desregramento os impede de experimentar qualquer prazer digno de ser citado entre as mais básicas e recorrentes formas de gozo. Em contrapartida, o autocontrole exclusivamente os faz[95] suportar os sofrimentos[96] apontados por mim e, consequentemente, exclusivamente ele os leva a experimentar qualquer prazer digno de ser citado entre tais gozos."

"O que dizes é completamente verdadeiro."

10 "E cumpre acrescentar que os gozos do aprendizado de algo nobre e bom, e do estudo de alguns dos recursos graças aos quais um indivíduo passa a saber como regrar bem seu corpo e administrar com sucesso sua casa, visando a ser útil aos seus amigos e ao Estado e derrotar seus inimigos – conhecimento que não só produz excelentes benefícios, como também excelentes prazeres

---

95. Ou seja, os seres humanos.
96. Isto é, a fome, a sede etc.

— *esses* são os gozos dos autocontrolados, deles não participando os desregrados. De fato, quem – diríamos – menos se preocupa com tais gozos do que aquele que carece da capacidade de cultivá-los, porque todos os seus objetivos que detêm seriedade estão centrados nos prazeres que se situam mais próximos?"

11 "Sócrates," disse Eutídemo, "imagino que queres dizer que aquele que está à mercê dos prazeres do corpo não tem interesse de qualquer ordem na virtude, em todas as formas por esta assumida."

"Sim, Eutídemo. Afinal, como pode um indivíduo humano desregrado ser melhor do que a besta mais estúpida? Como pode aquele que não consegue dar atenção às coisas de maior importância, e se empenhar por todos os meios em fazer as coisas que são mais prazerosas ser melhor do que a mais obtusa besta de rebanho? Não, somente os que têm controle de si possuem a capacidade de dar atenção às coisas de maior importância e, separando-as segundo o tipo, por meio igualmente do discurso e das ações, preferir o bem e repudiar o mal."

12 Dessa forma, dizia ele, os homens[97] tornam-se maximamente bons, felizes e hábeis na discussão. De acordo com ele, a própria palavra *discussão*[98] deve seu nome à prática de reunir-se visando à deliberação comum, *separando*[99] coisas segundo seu tipo. A conclusão é que os homens devem estar predispostos e preparados para isso, além de serem ciosos disso. De fato, promove a excelência, a liderança e a habilidade no discutir.

6

Tentarei também mostrar como animava seus companheiros a se tornarem hábeis na discussão. Sócrates sustentava

---

97. ...ἄνδρας... (*ándras*), isto é, varões, seres humanos do sexo masculino.
98. ...διάλεξις... (*diálexis*).
99. O verbo διαλέγω (*dialégō*) significa tanto *separar, selecionar, classificar por tipo* quanto discutir, dialogar, conversar.

que aqueles que conhecem o que é uma dada coisa são igualmente capazes de expô-la a outros, enquanto os que o desconhecem desencaminham-se e desencaminham os outros. Por esse motivo, nunca renunciou a examinar *o que uma dada coisa é* com seus companheiros.

O levantamento de todas as suas definições seria uma tarefa árdua. Restringir-me-ei ao suficiente que é necessário para indicar seu método de análise.

2 Sua análise da piedade, ou devoção, para começarmos por isso, está mais ou menos consubstanciada no [diálogo] que se segue.

"Diz-me, Eutídemo, na tua opinião, que tipo de coisa é a devoção?"

"Algo excelente, por Zeus!" foi a resposta.

"És capaz de dizer qual tipo de pessoa é devota?"

"Suponho que o tipo de pessoa que venera os deuses."

"Pode alguém venerar os deuses de acordo com sua própria vontade e ao seu bel-prazer?"

"Não! Há regras a serem observadas na veneração dos deuses."

"Então aquele que conhece essas regras sabe como deve venerar os deuses?"

"Penso que sim."

3 "Então aquele que sabe como deve venerar os deuses julga que deve fazê-lo segundo seu conhecimento, e não de outra maneira?"

"É efetivamente o que ele julga."

"E todos veneram os deuses como julgam que devem, e não de outra maneira?"

"Penso que sim."

4 "Então aquele que sabe o que é legal no tocante aos deuses venerará os deuses legalmente?"

"Certamente."

"Quem venerar [os deuses] legalmente não os venerará como deve?"

"É claro."

"Muito bem. Mas aquele que venera [os deuses] como deve é devoto?"

"Certamente."

"Poderíamos, consequentemente, corretamente definir o devoto como alguém que conhece o que é legal no que toca aos deuses?"

"De qualquer modo, é o que penso a respeito."

5 "E no tratar com os seres humanos, pode alguém agir segundo a própria vontade?"

"Não. Também no que toca aos seres humanos, há normas de conduta [a serem observadas]."

"Então os [seres humanos] que as observam em seu relacionamento com os outros não se conduzem como devem?"

"Claro."

"E aqueles que se conduzem como devem não se conduzem bem?"

"Sem dúvida."

"E os que se conduzem bem em relação aos indivíduos não se comportam bem nos negócios humanos?"

"É de se presumir que sim."

"E não fazem o que é justo aqueles que obedecem às leis?"

"Certamente."

6 "Sabes quais são as coisas que são classificadas como justas?"

"As coisas determinadas pelas leis."

"Consequentemente, os que fazem o que é determinado pelas leis fazem tanto o que é justo quanto o que devem fazer?"

"Está claro que sim."

"E não são aqueles que fazem o que é justo pessoas justas?"

"Julgo que sim."

"Julgas, então, que quaisquer indivíduos acatam as leis sem estar cientes do que é determinado pelas leis?"

"Não."

"E cientes do que devem fazer, supões que quaisquer pessoas pensam que não devem fazê-lo?"

"Não. Não o suponho."

"Conheces pessoas que não fazem o que pensam que devem fazer, mas algo diverso?"

"Não conheço."

"Conclui-se que aqueles que conhecem o que é legal no tocante aos seres humanos fazem o que é justo?"

"Certamente."

"Mas não são os que fazem o que é justo indivíduos justos?"

"Decerto."

"Com o que finalmente poderíamos com acerto definir indivíduos justos como aqueles que conhecem da melhor maneira o que é justo no tocante aos seres humanos?"

"Acho que sim."

7 "E quanto à sabedoria? Como a descreveremos? Parece a ti que os sábios são sábios pelo que sabem, ou alguns são sábios pelo que não sabem?"

"Obviamente pelo que sabem. Afinal como poderia um homem ser sábio pelas coisas que desconhece?"

"Os sábios, então, são sábios em função do conhecimento?"

"E de que outra forma poderia alguém ser sábio a não ser em função do conhecimento?"

"Então não consideras que os sábios o possam ser devido a outra coisa exceto o conhecimento?"

"Não."

"Do que se conclui que a sabedoria é conhecimento?"

"Assim penso."

"E pensas que é possível para um ser humano conhecer todas as coisas?"

"É claro que não. Nem sequer uma fração delas."

"Então é uma impossibilidade um ser humano que tudo saiba?"

"Sem dúvida alguma."

"Por conseguinte, todos são sábios na exata medida do que sabem?"

"Acho que sim."

8 "E quanto à busca do bem, Eutídemo? Será este o caminho?"

"O que queres dizer?"

"A ti parece que a mesma coisa é útil para todos?"

"Não."

"Na verdade, o que é útil para alguém pode, às vezes, ser danoso para outra pessoa, não é mesmo?"

"Com certeza."

"Considerarias o bom distinto do útil?"

"Não."

"Consequentemente, o que é útil é bom para aquele a quem é útil?"

"Penso que sim."

9 "Toma o belo. Seria possível defini-lo de qualquer outra forma? Será possível, por exemplo, falar de um belo corpo, ou de um belo vaso, ou de qualquer outra coisa que sabes ser bela para todos os usos?"

"Por Zeus, claro que não."

"Isso significa que cada objeto somente é belo para o uso a que se destina?"

"Certamente."

"É possível que um objeto belo seja belo sob um aspecto que seja distinto daquele do uso que dele se possa fazer?"

"Não."

"Portanto, uma coisa somente será bela para quem tiver utilidade?"

"Assim penso."

10 "A seguir temos a coragem, Eutídemo. Achas que se trata de uma bela coisa?"

"Eu diria que muito bela."

"Então deves pensar que a coragem não é útil para propósitos tacanhos?"

"Por Zeus! Pelo contrário, serve para os propósitos grandiosos."

"Então pensas que sob a pressão de terrores e perigos é útil ignorá-los?"

"De modo algum."

"Assim, os que não sentem medo de tais coisas porque as ignoram não são corajosos?"

"Por Zeus, se assim fosse haveria muitos loucos e covardes que seriam corajosos."

"E quanto aos que se amedrontam quando inexiste razão para o medo?"

"Esses menos ainda, é claro."

"Então pensas que aqueles que se portam bem diante de terrores e perigos são corajosos, ao passo que os que se portam mal [na presença deles] são covardes?"

"Com certeza."

11 "E pensas que ninguém se porta bem na presença de tais coisas exceto os que são capazes de administrá-las bem?"

"Nenhuma outra pessoa senão eles."

"E que ninguém se porta mal exceto aqueles que as administram mal?"

"Eles e mais ninguém."

"E nesse caso ambas essas classes portam-se como julgam que devem portar-se?"

"E como poderiam portar-se de outra maneira?"

"E aqueles que não são capazes de portar-se bem sabem como devem portar-se?"

"Com certeza não."

"Se assim é, aqueles que sabem como devem portar-se são apenas os que são capazes?"

"Sim, apenas eles."

"Bem, aqueles que não estão inteiramente confusos administram mal tais coisas?"

"Suponho que não."

"Conclui-se, então, que os que se portam mal estão inteiramente confusos?"

"É o que podemos presumir."

"Infere-se que os que sabem como administrar bem os terrores e perigos são corajosos, e que os que se confundem inteiramente são covardes."

"Essa é minha opinião."

12   A realeza e a tirania, na sua avaliação, eram ambas formas de governo, mas ele sustentava que eram diferentes. A realeza era o governo de seres humanos que conta com o consentimento deles e que existe em conformidade com as leis do Estado; a tirania era o governo sobre súditos que não haviam concedido o seu assentimento para ele e um governo não controlado pelas leis, mas imposto pela vontade do governante. Onde os membros do governo são escolhidos entre os que atendem às exigências das leis, a constituição do governo é aristocrática; onde a propriedade tributável constitui a qualificação para os cargos públicos temos uma plutocracia e onde todos são elegíveis temos uma democracia.

13   Sempre que alguém discutia com ele em torno de qualquer assunto sem ser capaz de se fazer claro, apresentando afirmações não acompanhadas de demonstrações, de que fulano era mais sábio ou um político mais capaz, ou mais admirável, ou seja lá o que fosse, ele fazia toda a discussão retornar à definição necessária, muito nos moldes seguintes:

14   "Afirmas que o indivíduo que apoias é um cidadão melhor do que o apoiado por mim?"

"Realmente afirmo."

"Então, por que não começamos por examinar qual é o papel de um bom cidadão?"

"Pois que o façamos."

"Em matéria de gestão financeira não é melhor quem torna o Estado mais rico?"

"Certamente."

"E na guerra aquele que o torna mais poderoso do que seus adversários?"

"É claro."

"E em uma missão diplomática aquele que transforma inimigos em amigos?"

"Presumivelmente."

"E em um debate aquele que dá fim à discórdia e produz harmonia?"

"Penso que sim."

Por esse processo que consiste em fazer recuar o argumento, até mesmo seu próprio opositor acabava por perceber claramente a verdade. Toda vez que ele próprio argumentava em torno de uma questão, avançava por etapas que iam conquistando o assentimento geral: defendia que era esse o único método seguro. Fiel a esse princípio, sempre conseguiu na argumentação o maior grau de assentimento junto aos seus ouvintes que já observei em qualquer pessoa que conheci. Ele dizia que Homero outorgou a Odisseu o crédito de *orador seguro*[100] porque ele conhecia um modo de conduzir a discussão de uma verdade reconhecida à outra.

7

ACREDITO TER DECLARADO O SUFICIENTE para mostrar que Sócrates expressava sua opinião com clareza aos que com ele conviviam. Mostrarei na sequência que ele igualmente se esforçava para torná-los independentes na execução do trabalho para o qual tinham aptidão. De fato, jamais conheci uma pessoa que se preocupasse tanto em descobrir o que cada um de seus com-

---

100. ...ἀσφαλῆ ῥήτορα... (*asphalê rhētora*).

panheiros sabia. [A propósito,] ensinava com máximo zelo, na medida permitida pela extensão de seu próprio conhecimento, tudo que cabia a um *homem* de bem conhecer; se não tinha domínio de um assunto, Sócrates os conduzia a quem o tinha.

2 Também lhes ensinava até que ponto um homem bem-educado deveria se familiarizar com qualquer assunto em particular. Por exemplo, dizia que o estudante de geometria devia estudá-la até adquirir competência para medir com precisão uma porção de terra caso desejasse tomá-la, transferi-la, dividi--la ou calcular a sua produção; e esse conhecimento era de tão fácil aquisição que qualquer pessoa que devotasse seu intelecto à
3 agrimensura conhecia o tamanho do pedaço de terra e adquiria um conhecimento dos princípios da agrimensura. Ele se opunha a prosseguir no estudo da geometria ao ponto de incluir as figuras mais complicadas, sob o fundamento de que não podia vislumbrar a sua utilidade. Não que ele próprio não estivesse familiarizado com elas, mas entendia que eram suficientes para monopolizar a duração de uma existência inteira, determinando a total exclusão de muitos outros estudos úteis.

4 Analogamente, recomendava-lhes o conhecimento da astronomia, mas somente o suficiente para os capacitar a descobrir as divisões da noite, do mês e do ano com a finalidade de contar com dados confiáveis para uso no planejamento de uma viagem por terra ou por mar, ou no estabelecimento da vigilância, ou em outras tarefas que são realizadas envolvendo a noite, o mês ou o ano, quando é necessário discernir as divisões do tempo e estações mencionadas. Também esse conhecimento era de fácil aquisição da parte de caçadores noturnos, pilotos e outros
5 que assumiam o conhecimento de tais coisas como sua função. Mas ele era incisivamente contrário ao estudo da astronomia que chegasse a incluir o conhecimento dos corpos que se moviam cumprindo distintas trajetórias, dos planetas e cometas e do esforço desgastante exigido pelo cálculo de suas distâncias da Terra, de seus períodos de revolução e das causas destes. No que tocava a essas investigações, mais uma vez declarava que não

podia ver utilidade para isso. Assistira, inclusive, a conferências sobre esses temas, mas insistia que tais assuntos também eram suficientes para consumir uma vida inteira, exigindo a completa eliminação de muitos outros estudos proveitosos.

6   Geralmente, no que diz respeito aos fenômenos celestes, ele reprovava a curiosidade de saber como os deuses os concebiam. Sustentava que seus segredos não podiam ser desvendados pelo ser humano. Além disso, acreditava que qualquer tentativa de investigar aquilo que os deuses haviam deliberado não revelar [aos seres humanos] devia desagradá-los. Dizia que aquele que se intromete nessas matérias arrisca-se a perder sua sanidade tão completamente quanto Anaxágoras, que experimentava um orgulho insano na sua explicação da mecânica divina.

7   De fato, esse sábio, ao declarar que o sol é fogo, ignorou o fato de que os seres humanos são capazes de olhar o fogo sem inconvenientes, mas são incapazes de fitar firmemente o sol; de que a pele humana é escurecida pelos raios do sol, mas não pelo fogo. Ademais, ignorou o fato de que a luz solar é essencial à saúde de toda a vegetação, ao passo que se qualquer coisa for aquecida pelo fogo, fenecerá. Que se acresça que quando declarou que o sol é uma pedra incandescente, ignorou que uma pedra incandescente nem brilha nem se conserva incandescente por muito tempo, ao passo que o sol irradia um brilho inigualável e perpétuo.

8   Também recomendava o estudo da aritmética. Contudo, tal como nos outros casos, aconselhava que se evitasse o estudo que não tivesse aplicação. Invariavelmente, quando teorias ou fatos corroborados eram o tema de seus diálogos, ele os limitava ao que era útil.

9   Sócrates também insistia incisivamente para que seus companheiros cuidassem da saúde. "Deveríeis descobrir tudo que podeis," dizia, "daqueles que sabem. Todos deveriam observar-se ao longo de sua existência, e verificar que tipo de alimento, de bebida, e que modalidade de exercício se ajustam à sua

constituição, passando a regulá-los a fim de gozar de boa saúde. Na verdade, por meio de tal observação e atenção dada a vós próprios podeis descobrir, melhor do que qualquer médico, o que é adequado à vossa constituição."

10 Sempre que alguém necessitava de uma ajuda que a sabedoria humana era incapaz de proporcionar, ele aconselhava a pessoa a recorrer à divinação, pois aquele que conhecia os meios pelos quais os deuses orientam os seres humanos no que toca aos seus assuntos nunca se via privado dos conselhos divinos.

8

QUANTO À SUA AFIRMAÇÃO de que era advertido pelo *deus*[101] quanto ao que devia fazer e o que não devia fazer, há quem possa pensar que se tratava de uma ilusão produzida por ter sido ele condenado à morte. Mas os que assim pensam deveriam considerar dois fatos. O primeiro é que ele já atingira uma tal idade[102] que se não houvesse morrido então, seria logo depois colhido pela morte; o segundo é que, se por um lado, se safou do mais tedioso período da vida e da inevitável redução das capacidades mentais, por outro conquistou glória pela força moral revelada no extraordinário teor de decoro, franqueza e dignidade de homem livre de sua defesa, bem como a afabilidade e coragem com as quais suportou a sentença de morte.

2 Efetivamente se reconhece não haver nenhum registro de uma outra morte que tenha sido mais nobremente suportada, pois ele foi constrangido a viver durante trinta dias após o pronunciamento da sentença, isto porque era o mês das Delias[103] e a lei não permitia a realização de qualquer execução pública

---

101. ...δαιμόνιον... (*daimónion*).
102. 70 anos.
103. Festa religiosa dedicada a Apolo e realizada em Delos de cinco em cinco anos no mês de maio.

até a delegação religiosa retornar de Delos. Durante esse período, como pôde ser testemunhado por todos os seus amigos íntimos, Sócrates continuou vivendo exatamente como antes;[104] na verdade, já antes daquela ocasião ele fora admirado, acima
3 de todos os seres humanos, por sua jovialidade e serenidade. *Como, então, poderia um homem morrer com maior nobreza? Ou que morte poderia ser mais nobre do que a morte enfrentada com a máxima nobreza? Qual a morte mais venturosa do que a mais nobre? Ou qual a mais cara aos deuses do que a mais venturosa?*[105]
4 Repetirei o que Hermógenes, filho de Hipônico, narrou-me a respeito dele.

"Quando Meleto realmente formalizou sua acusação," disse-me, "Sócrates discursou livremente em minha presença, porém não fez qualquer referência ao caso. Eu lhe disse que deveria cogitar de sua defesa. A primeira observação que me fez foi: 'Não achas que estou me preparando para ela por toda a minha existência?' E quando lhe indaguei como, disse-me que se ocupara constantemente do exame do justo e do injusto, em fazer o justo e evitar o injusto, o que – a seu ver – constituía o melhor preparo
5 para uma defesa. Foi quando eu disse: 'Não percebes, Sócrates, que os jurados em nossos tribunais tendem a ser desencaminhados pelas argumentações, de sorte a frequentemente condenar os inocentes à morte e absolver os culpados?' 'Por Zeus, Hermógenes, posso percebê-lo,' respondeu, 'mas quando realmente tentei planejar minha defesa diante do júri, o *deus*[106]
6 imediatamente opôs-se.' 'Estranho discurso,' comentei, ao que ele retrucou: 'Achas estranho se a Deus[107] afigura-se melhor que eu morra agora? Não vês que até hoje eu jamais reconheceria que qualquer ser humano tenha vivido uma existência melhor ou mais prazerosa do que eu? Pois vive o melhor pos-

---

104. Acerca do julgamento de Sócrates e dos trinta dias de encarceramento que antecederam sua execução, o leitor encontrará também muitos dados preciosos na *Apologia* escrita por Platão e nos seus diálogos *Fédon* e *Críton*.
105. Embora registrado, todo este texto em *itálico* é considerado espúrio por Sauppe.
106. ...δαιμόνιον... (*daimónion*).
107. ...τῷ θεῷ... (*thôi theôi*).

sível, a meu ver, aquele que se empenha, dando o melhor de si, para se tornar tão bom quanto possível, enquanto a existência mais prazerosa é a dos que estão conscientes de que estão cres-
7 cendo no que é bom. E até este dia essa tem sido a minha experiência. E ao misturar-me com os outros e comparar-me rigorosamente com eles, sempre mantive ininterruptamente essa opinião de mim mesmo. E não apenas eu, como também meus amigos, não deixaram de sentirem-se assim quanto a mim, não em função de sua amizade por mim – afinal por que a amizade não faria os outros sentirem-se assim por seus amigos? – mas porque acham que eles também elevar-se-iam o mais alto em virtude estando em minha companhia. Contudo, se for para
8 sobreviver, é possível que seja forçado a pagar o penhor do homem idoso: ficar meio cego e surdo, fraco de intelecto, lento para aprender, rápido para esquecer, ultrapassado pelos que se achavam atrás de mim. Não, e mesmo que eu estivesse inconsciente da mudança, a existência seria um fardo para mim; estando eu consciente, meu quinhão necessariamente seria miséria e amargor.
9 'Mas agora, se eu morrer injustamente, os que me matarem injustamente suportarão a vergonha decorrente disso. Pois se é vergonhoso cometer injustiça, tudo o que é injustamente feito deve certamente acarretar vergonha. Mas quanto a mim, qual a vergonha que me pesará por não me terem reconhecido nem me
10 feito [a devida] justiça? Percebo que a posteridade julga diferentemente no que se refere aos mortos dependendo se cometeram ou sofreram injustiça. Sei que os seres humanos se lembrarão de mim também, e se eu morrer agora não como se lembrarão daqueles que deram cabo de mim; pois estou ciente de que testemunharão sobre mim que nunca prejudiquei nenhum indivíduo, nem corrompi nenhum indivíduo, mas sempre me esforcei em prol do aprimoramento de meus companheiros.' "
11 Esse foi o teor de seu diálogo com Hermógenes e os demais. Todos que sabiam que tipo de homem era Sócrates, e que buscavam a virtude, sentem até hoje a sua falta mais do que de

qualquer outra pessoa, como o principal auxiliador nessa busca. Quanto a mim, eu o descrevi como era: tão religioso que nada fazia sem a orientação dos deuses tão justo que não prejudicava, por menos que fosse, qualquer pessoa, concedendo, pelo contrário, os maiores benefícios a todos que se relacionavam com ele, tão autocontrolado que nunca optava pelo procedimento mais prazeroso, preterindo o melhor tão sábio que não se equivocava no seu discernimento do melhor e do pior, prescindindo de qualquer conselheiro, mas confiante em si mesmo no seu conhecimento deles. Era magistral na exposição e definição dessas coisas e não menos magistral em submeter os outros ao exame, convencendo-os de seus erros, ao mesmo tempo que os exortava a acatar a virtude e a perfeita probidade. Para mim, consequentemente, ele parecia ser tudo que um homem bom e feliz tem que ser. Mas se houver alguém que disso duvide, que se digne a comparar o caráter de outros homens com o que foi aqui indicado. E que então julgue.

Este livro foi impresso pela Gráfica Rettec
nas fontes Garamond Premier Pro e ITC Cheltenham Std
sobre papel Pólen Bold 70 g/m² para a Edipro no inverno de 2024.